曾仕良 讲

论语

曾仕良 著

广东旅游出版社
GUANGDONG TRAVEL & TOURISM PRESS
悦读书·悦旅行·悦享人生

中国·广州

图书在版编目（CIP）数据

曾仕良讲《论语》/ 曾仕良著. -- 广州 ： 广东旅游出版社, 2025. 4. -- ISBN 978-7-5570-3407-8

Ⅰ. B222.25

中国国家版本馆CIP数据核字第20247EB919号

出 版 人：刘志松
特约编辑：周宇燕
责任编辑：廖晓威
封面设计：冯伟佳
内文设计：刘少华
责任技编：冼志良
责任校对：李瑞苑

曾仕良讲《论语》
ZENG SHILIANG JIANG LUNYU

广东旅游出版社出版发行

（地址：广州市荔湾区沙面北街71号首层、二层　邮编：510130）

电话：020-87347732（总编室）　020-87348887（销售热线）

投稿邮箱：2026542779 @qq.com

印刷：河北环京美印刷有限公司

（地址：河北省涿州市松林店镇工业园区）

开本：710毫米×1000毫米　1/16

印张：19

字数：241千字

版次：2025年4月第1版

印次：2025年4月第1次印刷

定价：69.80元

前 言
Preface

　　我从小就开始读《论语》，那时还不能领会其中的许多道理。大学毕业后，我担任教职工作，开始给学生讲授《论语》。课余间，我与同事、学生们共处，我逐渐明白，学校也是一个小型社会，孔子所说过的许多话，都能够应用得上，而且我每每使用后，都能收到很好的效果。这时，我这才充分领略到孔子学说的妙用无穷。比如：

　　当我们劝解他人时，会说："小不忍则乱大谋"；

　　当我们开解自己时，会说："死生有命，富贵在天"；

　　当我们忍无可忍时，会疾呼："是可忍也，孰不可忍"；

　　当我们看见别人争执时，常劝解道："和为贵"；

　　当我们对磁场不同的人会想："道不同，不相与谋"……

　　真是生活处处都是《论语》，我们每日都用而不自知。

　　我学习了孔子主张的视富贵如浮云，我的精神生活，充实而愉悦。因为我熟读《论语》，并且总是依照孔子所说的道理认真去践行，所以，我目前拥有一个能够享受快乐而自在的人生。

现在，欢迎各位与我一起来探索《论语》的金玉良言，我们一起先修己后安人，让我们的家人、朋友都赞赏我们，以我们为荣。

目 录
Contents

己所不欲，勿施于人

——自己淋过雨，所以要为别人撑伞

一谈到中华优秀传统文化，大家第一个就会想到儒家文化。可以说，儒家文化是中华文化的重要组成部分。

儒家文化上下数千年，影响纵横几万里，它的伟大，实在很难形容。但是，我们可以找到一位居于儒家文化领袖地位的圣人，那就是作为万世师表的孔子。

我们要研究中华文化，就必须研究孔子。要研究孔子，最直接、最重要的途径，便是用心熟读《论语》这本经典了。

一、穿越时空的智慧之光

《论语》这本儒学经典，是由孔子的弟子、门人们共同编纂而成的。孔子不曾亲自写过其中任何一段文字，也根本没亲眼见过这部经典。但是孔门七十二贤都是智慧高远、身通六艺的弟子，他们长期跟随孔子，所以就将孔子各方面的言行记述了下来，编成了这部《论语》，成就了研究中华文化最真实、可靠的经典。

在研讨《论语》这本经典之前，我们先对孔子的生平稍作一番了解。

孔子生于公元前551年，春秋时期鲁国人。《礼记·檀弓篇》记载，孔子自称"殷人也"。孔子的祖先是宋国人，而宋国是殷遗民的封国。孔子的曾祖父孔防叔由宋国迁至鲁国。孔子的出生地在今山东曲阜。

曲阜位于山东半岛的丘陵地与黄河三角洲的界线上，兼有山水之胜。《论语·雍也篇》中记载，"*知者乐水，仁者乐山。知者动，仁者静。知者乐，仁者寿。*"这正是孔子描述的曲阜风光。

曲阜南有东山，东山即峄山，在今邹城东南十公里。邹城在曲阜南二十二公里，这里是孟子的故乡。曲阜的北、东、南三面都是泰山的支脉，《孟子·尽心篇上》记载，"*孔子登东山而小鲁，登泰山而小天下，故观于海者难为水，游于圣人之门者难为言。*"因为登泰山顶，可见汶水西流，黄河东下，萦绕如带，下视群峰，众象尽在眼底，所以孔子才有"小天下"的感慨。

曲阜是中国最古的文化中心，是中国东部首屈一指的名城。相传神农自陈迁都曲阜，陈即今河南淮阳。淮阳是中国第一古都，曲阜是中国第二古都。也有传说认为，黄帝生于寿丘，寿丘在今曲阜东北三公里，再加上孔子诞生于曲阜，曲阜便成为中华民族的圣地之一。

孔子的父亲叔梁纥是位大力士，据说，他力大如虎。《左传》记载，叔梁纥在鲁襄公十年与十七年的两次战役中，都以忠勇过人见称于世。叔梁纥的妻生九女，无男。妾生一子名孟皮，有足病。再求婚于颜氏，生孔子。

司马迁的《史记·孔子世家》写道，"*叔梁纥与颜氏女野合，而生孔子*"。我们看"野合"二字大概都会想歪了。其实司马迁用野合二字，是指老夫少妻于礼不合，并没有其他意思。司马迁是根据叔梁纥年已七十，而颜氏还不到十五才用"野合"这两个字。

孔子十九岁娶妻。二十岁，儿子鲤出生，字伯鱼。伯鱼出生时，鲁昭公赐鲤鱼贺喜，家人引以为荣，遂以命名。孔子六十六岁时，伯鱼母死，满了一年，伯鱼还在哭，孔子听到了说"*嘻，其甚也*"，伯鱼就不再哭丧。这也是当时的礼法，父亲还在世，儿子为母服丧一年即可。

《论语·季氏篇》有一段记述了父子间的对话。陈亢问伯鱼"孔子对你这个儿子是不是特别教了什么？"伯鱼老实回应："没有！我父亲曾经一个人独自站立在庭院中，我快步经过，我父亲问我'*学诗乎*'。我说'没啊'。我父亲说'*不学诗，无以言*'。于是，我退下后就去学诗。后来有一天，我父亲又单独一个人站在庭院中，我还是快步经过，父亲问我'学礼乎'。我说'没啊'。我父亲说'*不学礼，无以立*'。于是我退下后就去学礼。我私下只听过父亲这两次教训。"

按理说，父子单独相处，是传授秘诀的最好时机。孔子却如同对待其他弟子一般，只问孔鲤学过诗吗？学过礼吗？表现了他真正有教无类，一视同仁的伟大胸怀。

孔子有女儿嫁给公冶长①，有侄女嫁给南容②，这两个人都是孔子看好的对象。《公冶长篇》记载，**子谓公冶长，"可妻也，虽在缧绁之中，非其罪也。"以其子妻之**。译为白话文就是：公冶长这个人品德良好，虽然曾经下狱，但那不是他的罪过，可以把女儿嫁给他。

至于南容，按《公冶长篇》记载，孔子说他是"**邦有道，不废；邦无道，免于刑戮**"。译成白话文便是：国家政治清明时，他不会被政府废弃不用；国家无道时，他不会受到刑罚。孔子称许南容谨慎贤明，作主将兄孟皮的女儿嫁给他。

从前的婚姻大多是父母或长辈作主，子女不会有太多意见。现代婚姻似乎都由子女作主，父母不会有太多意见。子女虽然会征求父母意见，但父母如果不喜欢这个对象，就会常常闹得不愉快。其实，这两种情况各有利弊，见仁见智。现代人的婚姻不稳定，离婚率不断增加，很多人简单归结于婚姻自由的原因，这有些太过简单了。无论是何种结合方式，经营婚姻都是非常重要的。

孔子有高度的智慧，当然很会看人，更不会看走眼。《卫灵公篇》记载，**子曰："君子不以言举人，不以人废言。"**译成白话文就是：君子不因为话说得好而抬举这个人，也不因为这个人的行为不好就否定他所说的话。

一般人对他人的认识，不够深入，也就是缺乏知人的能力。孔子对公冶长与南容的观察、了解与判定都把握住了重点。在现代社会中，能说善道的人很多，但品德未必优良。我们应该听其言而观其行，细心核实一个人是否真能知行合一。

公冶长究竟为何有牢狱之灾，我们无从查证，但孔子清楚他是无辜的。孔

---

① 公冶长，字子长，齐国人，是孔子的弟子。
② 南容，即南宫适，字子容，鲁人，也是孔子的弟子。

子是大司寇，大司寇就是最大的司法官。《颜渊篇》记载，**子曰："听讼，吾犹人也，必也，使无讼乎！"**孔子当然能够公正严明，不枉不纵。但是孔子认为，如果彼此能进一步相互谅解，不必对簿公堂，这也是解决矛盾的做法之一。

现代人喜欢诉讼，一言不合就起诉他人，这也是一个社会怪现象。法院里诉讼案件堆积如山，不仅耗费时间、精神与金钱，到头来若不能胜诉，那就得不偿失，后悔莫及了。

我们言行都要有分寸，不要轻率与他人产生纷争。万一有了纷争，要尽快寻求和解的方案。每个人的性格不一样，处事的心态或有差异，不能强求观念一致。

《子路篇》记载，**子曰："君子和而不同，小人同而不和。"**译为白话文就是：君子很亲和但不会苟且赞同；小人曲从人意，却不能做到中正和平。

我们应该求同存异，在大原则相同的前提下，彼此尊重，凡事以和为贵。社会安定，我们都能快乐过日子。

孔鲤的儿子孔伋，字子思，被尊称为"述圣"。子思是曾子的学生，孟子是子思的学生。子思六十二岁时作《中庸》，孔子学说便由子思传给孟子，孟子又将其发扬光大了。

孔子是鲁国人，平日应当是说山东话，正式场合则应该要讲周朝的"雅言"。《述天篇》有"**子所雅言：诗、书、执礼，皆雅言也**"一章，明白指出孔子在诵诗、读书与执行礼事，都采用雅言。

鲁国有八百年的历史，版图也不只限于今日山东泰山以南。国力鼎盛时期，势力还遍及河南、江苏及安徽三省。因为周朝诸侯国中的齐国、卫国等都有各自的封地和土话，现代社会称之为方言。所以，各说各话一定会牛头不对马嘴，无法交流，甚至会错意，引发争端。周朝制定的"周室正音"是当时的通行语言，也是读书人与政府官员都能听得懂、说出口的"雅言"。

据语言学家的考证，雅言可能就是后世所称的中原古音。而中原出现的河图、洛书又让我们认定河洛语便是中原古音，也就是说，今天又称为河洛语的闽南语，大概最接近中原古音。

孔子是我国民办学校的始祖，他极力主张扩大受教育的对象，不因贫富、地域的差别而将某些人排斥在教育之外，也就是《述天篇》中的"**自行束脩以上，吾未尝无诲焉**"。因为孔子"有教无类""因材施教"，他还被尊称为万世师表。

孔子曾经感慨，"**三代之英，丘未之逮也**"。孔子一方面推崇夏、商、周三代英明帝王的盛世，一方面叹息自己没能赶上那个美好时代。夏朝有四百八十多年，商朝有六百四十多年，周朝有八百六十多年，其中以周文王、周武王与周公的礼乐治绩最让孔子称羡。

孔子出生于周公死后五百多年，此时周天子已经无能号令天下，诸侯国各自为政，明争暗斗，已进入春秋时期。孔子五十一岁时，才被鲁定公起用为中都宰[①]。中都是个邑，邑宰就是地方官。在孔子的治理下，中都仅仅一年就成为四方的楷模。然后，孔子又晋升为司空和大司寇，大司寇就相当于现在部长的职位，说得更明白些，孔子当时应该就是鲁国的司法部部长兼外交部部长。

孔子从政只有四年，但突出表现了他作为一个杰出的政治家所特有的品格和才略。《史记·孔子世家》称，"**与闻国政三月，涂不拾遗。**"《淮南子》说得更不得了，"商人不敢投机、垄断市场，农产、水产都优先礼让给年长者，头有白发的不担任吃力的工作，而这都不是法令规定的，是孔子注重礼

---

① 宰，古代官名。

治，以身作则，上行下效的结果。"

孔子担任大司寇时，做出了两大政绩，《史记》《左传》都有详细的记载。其一，"礼"胜夹谷之会。齐大于鲁，还侵占了鲁的部分土地。孔子陪同鲁定公赴会，他明于礼义，长于辞令，迫使齐景公引兵而退，且归还侵地。孔子义正词严，化险为夷，确实是外交能手。

其二，以违反古制为由而主张堕毁三桓①的都城，来巩固鲁国中央政府的地位，重振鲁国中央政府的权威。三桓之一的叔孙氏拆了其城邑之后，季孙氏与孟孙氏却相继抗命。孔子派兵攻打季孙氏，攻克后也将其都主城拆除了。但子路②攻打孟孙氏时却未成功，定公遇到了阻力，便开始动摇，孔子只得黯然离开。

孔子主张强公室，拆私家，巩固中央，反对割据，所以内有权臣强力排斥，外则敌国因忌讳而散布谗言中伤。孔子在鲁国有志难伸，于是带了一批弟子周游列国。十四年后才回到鲁国，这时已六十八岁高龄了。孔子不再问政，重设绛帐，广招门人，又整理文献，托古见志，建构了"孔子学说"的完整体系。

二、关爱让我们体味人间的温暖

我们都知道，凡是一种学说，一定有它的中心思想。孔子学说的中心思想就是"仁"。

---

① 三桓，即孟孙氏、叔孙氏、季孙氏，是鲁桓公的后代，统治了鲁国多代。他们成为"三桓"后，垄断了鲁国的实际权力，国君基本被架空。这种情况引起了孔子的强烈反感，他坚持要将权力集中在国君手中，而不是被"三桓"掌握。
② 子路，即仲由的字，亦称季路，孔门七十二贤之一。

"仁"可以用在孔子学说的方方面面而无不契合。"仁"是孔子经常称道的，也是孔子的弟子提问最多次而到处宣扬的一个德目。

《论语》有二十篇，只有四篇没有出现"仁"字。其余十六篇里，共有五十七章出现了一百零六个"仁"字。至于虽无"仁"字，却有"仁"的意涵的，更是不计其数了。

当年汉儒已了解"仁"道的伟大，但并未发现"仁"是《论语》的中心。其后宋儒不但看出"仁"的伟大，而且明确"仁"就是《论语》的中心。

我们翻开《论语》首篇第二章，"仁"字就第一次出现了。比如，有子①说："*其为人也孝弟，而好犯上者鲜矣。不好犯上，而好作乱者，未之有也。孝弟也者，其为仁之本与？*"译成白话文就是：能孝敬父母、尊敬兄长，而会去冒犯长上的，必定是很少的。不会去冒犯长上，竟然喜好作乱，那更是不会有的。君子专心致力于事情的根本处，根本建立好，仁道便由此产生。孝敬父母与遵从兄长正是行仁道的根本。

接着在之后的第三章，"仁"字第二次出现了。*子曰："巧言令色，鲜矣仁。"*在这里，孔子直截了当指出：尽说讨人喜欢的话语，还装着讨人喜欢的脸色，这种人很少有仁心。

宋儒朱子认为孝弟只是"仁"的一部分，而不能代表"仁"的全部。也就是说，"仁"可以包括孝弟，而孝弟只是"仁"的一部分，不足以代表"仁"的全体。孝弟是"仁"的根本，能孝敬父母与遵从兄长自然就是行"仁"的开始。

---

① 有子，有氏，名若，字子有（一说字子若），孔子弟子，孔门七十二贤之一，被尊为儒学圣贤。

在孔子的心目中，"仁"字所含的意义极其伟大，几乎包括了人类所有的美德，也成了做人的最高准则。

"仁"字在《孟子》中，它的意义，又由博返约，从繁趋简，只剩下"爱人"这一种意义了。所以，屈万里教授[1]告诉我们，"仁"字在孔子以前，还没有发展成熟，在孔子以后，又变得萎缩狭隘，只有在孔子手里、《论语》书上，"仁"字才汪洋浩荡，与天地同流。

> 《论语》是一本书，孔子是一位"仁"人，"仁"是儒家学派的核心，中华文化是一种"仁"的文化。

我们可以说：《论语》是一本书，孔子是一位"仁"人，"仁"是儒家学派的核心，中华文化是一种"仁"的文化。

"仁"既然是孔子提出的，由他来解释"仁"的意义最为恰当了。《中庸》第二章记载，孔子说，"仁者，人也；亲亲为大"。"仁者，人也"，现代的说法就是，正常的人性是"仁"，有"仁"心的人是正常的。没有"仁"心就缺了人性，算是不正常的人。

当我们骂某一个人"狼心狗肺"时，反映了我们认为这个人肯定是不正常的，是缺乏"仁"爱之心的！

有"仁"心的正常人，相互之间一定会以礼对待，相亲相爱。在族群中，人与人的和睦亲爱，就是最大的"仁"，所以说"亲亲为大"。

任何族群里出现一些没"仁"心的人，这些人就不能正常与众人和睦共处、相亲相爱，就会很快破坏族群之中正常、良好的氛围，大家相互看不顺眼，甚至张嘴吵架，动手斗殴，搞得鸡飞狗跳，秩序大乱。社会中多出现几个

---

[1] 屈万里教授，古文献研究专家，以《诗经》《尚书》《易经》研究闻名，尤以《易经》研究创获最大，被誉为"当代中国经学第一人"。

没"仁"心的人，那就会搞乱社会秩序，最严重的时候，甚至出现小人当道，君子无法正常存活的现象。

《论语》记录了孔子教导弟子的诸多言论，当然有不同弟子提出相同问题，却得到不同解答的情况，这正是孔子有教无类，因材施教的证明。

在《颜渊篇》第一章中，孔子回答"颜渊①问仁"，说"**克己复礼为仁**"。毫无疑问，被后世尊为"复圣"的颜渊，以志以德以才备受老师孔子的赞许。

在《公冶长篇》中记载，孔子要颜渊与子路"**各言尔志**"，子路抢先说，"**愿车、马、衣轻裘，与朋友共，敝之而无憾**"。子路原本就质朴率真，也比较看重物质层面的东西，所以他的志愿就是，愿将自己的车马、穿的皮衣，和朋友共享，即使用破、用旧了，也不会觉得遗憾。

《雍也篇》中记载，子曰："**贤哉，回也！一箪食，一瓢饮，在陋巷，人不堪其忧，回也不改其乐。贤哉，回也。**"这句话是孔子对颜渊的赞美。颜渊显然是真正安贫乐道的贤良弟子，当然比较讲求精神层面。他说，"**愿无伐善，无施劳**"。用现代话讲就是，我愿不夸耀自己的才能，不表扬自己的功劳。

孔子认为颜渊的"乐"是由于他的无私无欲。我们不排斥富，也不拒绝富，但除了"富而无骄"，更要"富而好礼"。颜渊既已被孔子称赞安贫乐道，他问老师"仁"，孔子先简单回应了四个字"**克己复礼**"，当然可以说是专门给这个以"德行"特优而名居十哲之首的颜渊唯一明确的答案。

> 我们不排斥富，也不拒绝富，但除了『富而无骄』，更要『富而好礼』。

---

① 颜渊，即颜回，别称颜子、颜渊，字子渊，春秋末期鲁国人，是孔子最得意的弟子。颜孔门十哲之一、孔门七十二贤之首，儒家五大圣人之一，《论语》编撰者之一。

大多数学者，都将这个"克"字解释为克制、约束。"克己复礼"译成白话文便是"抑制自己的欲望，使言行都符合于礼"。孔子紧接着又说，"**一日克己复礼，天下归仁焉，为仁由己，而由人乎哉**"。以此勉励他的得意弟子成为"仁"者楷模，让天下人都来学习，一起步上"大同"世界，更明白指出，实践"仁"德，要凭自己下功夫，不要靠别人鞭策。

颜渊立刻"**请问其目**"，孔子回答了十六个字："**非礼勿视，非礼勿听，非礼勿言，非礼勿动**"。

这里我们就必须说一下这个"礼"字。《论语》里孔子讲这个"礼"字，大致上有两个定义：一、指人事的准则，亦即做人的道理。二、礼节、礼仪与礼制，即在族群、社会与国家中，每个人都应遵守的各种规范模式。

所以，孔子要我们勿视、勿听、勿言、勿动的"非礼"，一指不合人情义理，二指不合礼制与正规礼仪。

知名学者林安梧教授[1]认为孔子讲"**克己复礼**"，不仅期盼弟子们除了约束欲望，更应该积极强化实践"礼"的动能，进而力行仁德。

在《颜渊篇》第二章记载，冉雍[2]接着"问仁"，孔子回答他，"**出门如见大宾，使民如承大祭，己所不欲，勿施于人**"。

冉雍为人"**宽宏简重，有人君之度**"。在《雍也篇》中，孔子嘉许他"**雍也，可使南面**"。南面是为人君听治之位，孔子显然对十哲中列于德行之科的冉雍，有很高的评价。

《公冶长篇》记述，或曰："**雍也仁而不佞。**"子曰："**焉用佞？御人以**

① 林安梧教授，现为中国台湾慈济大学宗教与文化研究所教授兼所长，同时任上海同济大学人文学院教授，博士生导师，并兼任同济大学"中国思想与文化研究院"院长。
② 冉雍，字仲弓，春秋末期鲁国人，孔子弟子。

· 012 ·

口给，屡憎于人。不知其仁，焉用佞？"当时世俗以口才犀利为贤。孔子明白教导弟子"佞者以利口服人，徒然使人厌恶而已"。至于冉雍是否已进于仁，孔子却说"不知"。朱子解说，"仁道至大，非全体而不息者，不足以当之"。

孔子对仁的要求极高，《述天篇》中记载，他自谦"若圣与仁，则吾岂敢"。所以，孔子从来没说过哪个学生是合格的"仁"者。他不愿否定自己的学生，他不说"不是"，他只说"不知其仁也"。

孔子回复冉雍的"己所不欲，勿施于人"应该是大家耳熟能详，津津乐道的圣人之言。《卫灵公篇》中还有子贡[①]问，"有一言而可以终身行之者乎？"孔子也回答他，"其恕乎！己所不欲，勿施于人。""恕"字看起来就有"你心如我心"的意味，即我心里头不愿意别人怎么对待我，我想别人也不愿意我如此对待他。

能践行仁道的"仁"者，他的仁心必定能设身处地为别人着想，也就是践行恕道，可见"仁"与"恕"是有交集的。当然，如同前述"孝弟"一样，"仁"包含了"恕"，而"恕"不足以代表"仁"的全部。

《颜渊篇》第三章记载了司马牛[②]也"问仁"。孔子回答他""仁"者，其言也讱"。讱是忍的意思。孔子认为有仁德的人，说话有所忍耐而不轻易出口，不像现今的许多人总是随便说说，并不负责任。司马牛反问老师，"这就能算是仁吗？"孔子告诉他，"为之难，言之得无讱乎？"孔子这个回答是很合乎逻辑的，践行仁德既然很难，说的时候又怎能不忍耐而随便说出口呢？司马牛多言而躁，孔子特别针对他的习性教以"忍制其言"。

《子路篇》中记载，子曰："刚毅、木讷，近仁。"木讷就是本性朴实、

---

① 子贡，姓端木，名赐，字子贡，春秋时卫国人，孔子弟子。
② 司马牛，姓向名耕，字子牛，是孔子弟子中唯一的世家贵族。

说话谨慎，和"巧言令色"对比，前者"**近仁**"，后者"**鲜矣仁**"，真是天差地别了。

在现代社会中，口沫横飞、说得天花乱坠的人何其多啊！即使没有颠倒是非、存心欺骗，至少夸大渲染、冷嘲热讽，已属品德败坏的一群！

在众弟子当中，樊迟[①]前后三次"问仁"，孔子三次的回答都不一样。在《雍也篇》中记载，孔子回答说，"**仁者先难而后获，可谓仁矣**"。孔子的意思是，应该要做的事"当仁不让"，即使受苦受难也要去做，这样才能够有收获。我们从孔子的回答可以领悟到"只问耕耘，不问收获""尽其在我，顺其自然"与"尽人事，听天命"都是"仁"者之道。

> 我们要爱他人之前当然要先爱自己，一个人如果连自己都不爱，又怎么可能爱别人呢？

《在颜渊篇》中，孔子的回答只有两个字，即"爱人"。意思是，知道爱人也会爱人，便是"仁"者。我们要爱他人之前当然要先爱自己，一个人如果连自己都不爱，又怎么可能爱别人呢？我们去爱一个不够理智的人，去爱一个不太讲理的人，希望他能得到正向的感应，而变为理智的人，变为讲理的人，这就是践行仁德，就是"仁"者该做的事。

在《子路篇》中，孔子的回答是，"**居处恭，执事敬，与人忠；虽之夷狄，不可弃也**"。意思是，对自己要恭谨，态度端庄，安分守己，小心谨慎，对事情负责认真，尽心尽力，不辱使命。对别人要忠诚，言出必行，忠实可靠，口不出恶言。这三项"仁"者仁德的基本要件，放之四海而皆准，绝对不能随意改变。这些看起来简单明白，我们真要在日常生活中完全做到，恐怕也不容易啊！

---

① 樊迟，即樊须，名须，字子迟，是孔子七十二贤弟子内的重要人物。

《阳货篇》中记述了孔子回答子张① "问仁"，标举了五个德目：恭、宽、信、敏、惠。孔子明确地告诉学生，**"能行五者于天下，为仁矣"**，因为**"恭则不侮，宽则得众、信则人任焉，敏则有功，惠则足以使人"**。

的确，一个人谦恭有礼，就不会遭受侮辱；宽厚待人，就会获得众人的拥护与协助；诚实守信，就会得到大家的信任与支持；勤奋聪敏，就会在事业上有所建树；对众人慈爱关怀，就会使众人乐于努力效劳。

不与人争利、不与人夺权就是务实的谦让，再加上态度恭敬、和气待人，应该不会有人没理由来欺侮。

宽是宽大、宽厚。我们要有宽宏大度的品格。对人宽厚，别人才会以宽厚待己。和而不同，便是合理的宽厚。明代的吕坤②在《呻吟集》说**"仁厚刻薄是修短关"**，意谓我们寿命的长或短的关键，在于待人宽厚或刻薄。刻薄的人精于算计，结果总是得不偿失，甚至赔了夫人又折兵。

一个讲究诚信的人，实实在在说话，也实实在在做事，各方面都显现了实实在在的好心意，可以让人心服口服地敬佩与尊重。

勤劳做事固然好，还需要有好方法。耳聪目明的人可以事半功倍，不够用心的人常常事倍功半。给他人恩惠不求取回报，在自己有需要时，他人自然能挺身而出。前面已说得很清楚了，"仁"包含了这五个德目，但这五个德目并不是"仁"的全体。

在《论语》首篇第六章，"仁"字第三次出现了。**子曰："弟子入则孝，出则弟，谨而信，泛爱众，而亲仁，行有余力，则以学文。"** 译成白话文是，

---

① 子张，姓颛孙，名师，子张是他的字，孔子的徒弟之一。子张志高意广，在孔门中，气象独称阔大，度量特显宽宏。《论语》记述他所问所言，义皆远大。

② 吕坤，字叔简，一字心吾、新吾，自号抱独居士。明朝文学家、思想家，吕坤刚正不阿，为政清廉，他与沈鲤、郭正域被誉为明万历年间天下"三大贤"。

言行谨慎有诚信，博爱众人，多亲近品德修养良好的「仁」者。

年轻人在家要孝敬父母，出门要尊重长者。言行谨慎有诚信，博爱众人，多亲近品德修养良好的"仁"者。为此，应该利用业余时间多读书，多明白其中的道理。

现代人很认同终生学习，"活到老，学到老"也蔚然成风。学习的途径可以从书本中来，也可以从做中来。从书本中学好了，之后再将样样事也做好了，便是知行合一。边做边学，亲身体验，再印证书本上的理论，推进各方面的进展，也能很快获得成功。从孔子这段话，我们不得不佩服至圣先师的高瞻远瞩，两千多年前，就有这么先进的观念。

孔子讲"泛爱众"三个字，正是我们今天所重视的职业无贵贱，不应有职业歧视；王公贵族与平民百姓的生命同样珍贵，不应有阶级歧视；全人类生而平等，不应该有种族歧视。在现今世界舞台上，中国要以强大的力量促成世界大同，营造**"人不独亲其亲，不独子其子，使老有所终，壮有所用，幼有所长，鳏寡孤独废疾者，皆有所养"**的和乐社会，这也是孔子在《礼运大同篇》中提出的崇高社会理想。

孔子是第一个推动平民教育的教师。在此之前，只有王公贵族才有受教育的机会。在孔子眼里，平民百姓应该被一视同仁。对有意愿求教的平民子弟，孔子秉持有教无类，诲人不倦的精神，从来不会拒绝。对毫无意愿或意愿不高的人，孔子当然也不可能硬要收为学生，这与《易经》蒙卦卦辞**"匪我求童蒙，童蒙求我"**的意旨相符合。

本书中提到的《学天篇》与《述天篇》，在其他解读《论语》的版本是《学而篇》与《述而篇》。因为先长兄曾仕强教授认为曾子、有子等编写《论语》纂书时"而""天"二字极为相似，认定"天"字在此比"而"字有更深层的意义，应该是传抄的讹误。

文字是文化的重要载体。古圣先贤的智慧经典，就是凭借文字流传下来的。我们今日使用的汉字有非常久远的历史，最早的甲骨文经过数次演变，到今日最普及的楷书，全都透露了我们先民的生活迹象与文化元素。

翻开《论语》首篇首章，便是传诵千古的**子曰："学而时习之，不亦说乎？有朋自远方来，不亦乐乎？人不知而不愠，不亦君子乎？"** 这章译成白话文就是：学习了并时常温习它，不是很喜悦吗？有同道好友从远方来，不是很快乐吗？别人不知道我的才学，我也不生气，不就是君子的做法吗？

孔子的这三句话，被认为是"孔门三乐"。我们在日常生活中，要培养"孔门三乐"的情趣，让自己的生命更有意义，让自己更受大家的欢迎。

儒家思想以"人"为本，以"仁"为主轴，孔子说**"人者，仁也"**，正是最好的诠释。以自然为师，当然是做人、做事要顺应天理。能顺应天理做人、做事，便是"仁"者，因为"仁"即天理，也是凡人皆有的天性。

生而为人，上天即赋予"仁"的本性。依循本性，也就是依循天理。但是一个人在成长的过程中，受到外界环境的影响，很有可能局部或全部泯灭人的本性，即说出恶毒的话语，做出违背良心的事情。

在《八佾篇》中，孔子就说，**"人而不仁，如礼何；人而不仁，如乐何"**。孔子明确告诉学生，行礼的人如果没有"仁"心，怎能算是真正的礼呢？作乐的人如果没有"仁"心，又怎能算是真正的音乐呢？

去除了"仁"心的人，基本上就是没有人性的人，这时候所表现的礼，就是虚伪的，不怀好意的，所以我们常认为礼多必诈。这时候所表现的乐，就是浮躁的，不优美的，不但有损听觉，

去除了『仁』心的人，基本上就是没有人性的人，这时候所表现的礼，就是虚伪的，不怀好意的，所以我们常认为礼多必诈。

还可能造成举止失措，既违背了礼更伤害了身心。

儒家重视孝道，将其视之为神圣，在《孝经》一书中，有专门讲授孝道。比如，书中《广要道章》记述，孔子说明推广孝道可以使国家安定、天下太平，即"**移风易俗，莫善于乐，安上治民，莫善于礼**"。译成白话文是：转移风气，变化习俗，没有比音乐更好的；使上位者安心地好好治理百姓，没有比礼节更好的。

华夏民族的雅乐体系在西周初年制定，原是华夏天子祭祀、朝贺、宴飨等大典时使用的乐舞。雅乐与周礼共同构成了华夏礼乐文明的内外支柱。在弘扬中华优秀传统文化的当代，中国的礼乐文明一定会再显光辉并永续流传。

在《里仁篇》第一章中记述，**子曰："里仁为美，择不处仁，焉得知。"**译为白话文就是：居住在有仁厚风俗的乡里才好。如果选择住在风俗不仁厚的地方，怎么能算是明智呢？

居住的环境，对人的影响很大，孟母三迁才促成了孟子成为亚圣。左邻右舍都宅心仁厚，大家和谐相处，对每个人而言，都是难得的福分。其实孔子这一句话，还有弦外之音，希望大家都能选择修养仁德为自己做人的方向。如果选择刻薄、狠毒的手法做人，那真是不聪明的决定。

紧接着在下一章记述，**子曰："不仁者，不可以久处约，不可以长处乐。仁者安仁，知者利仁。"**译为白话文就是：不"仁"的人不可以长久处于贫困，也不可长久处于安乐。"仁"者是天生有道德的人，认为道德能给人生带来最大的乐趣。智者知道"仁"的好处，也能行"仁"，并将道德当作生活的规范。从这句话中，我们可以看出来，孔子要弟子们不可失去本心。

三、不是我做了，而是我做到了

孔子所重视的是道德实践。他勉励弟子们透过实践"仁"的功夫，来亲自领悟"仁"在具体生活中所发挥出来的功效和产生的效果。

朱熹说："仁者，本心之全德。"意谓所有道德的总项目就称为"仁"。一个人本身的思维与言行，全都以"仁"为出发点，把所有人当人看，对所有人都好，便是道德修养的极致。现代社会简称的人道主义，一方是指己立立人，己达达人，一方面是说己所不欲，勿施于人。

现代社会简称的人道主义，一方是指己立立人，己达达人，一方面是说己所不欲，勿施于人。

一个欠缺仁德的人，初始陷入穷困，或许还能勉强忍耐。一段日子过后，便怨天尤人，并开始为非作歹，甚至于扰乱治安，成了社会的祸害。即使可以过安乐的日子，初始还可能安分。一段日子过后，各种奢侈、放荡的不良习性就层出不穷，同样危害人群，破坏社会秩序。

孔子期许弟子们善用自己的理智来指导感情，就是今日所谓的"情绪管理"。情绪管理得好，不至于感情用事，也不容易意气用事。在现代社会中，一些家长偏重世俗价值，特别重视子女的学业成绩，而忽略了品德教育，让子女竟然成了唯利是图或漠视伦理、欠缺职业道德的人，结果害了子女一生，真是得不偿失。

《里仁篇》第三章记载，子曰："唯仁者，能好人，能恶人。"译成白话文就是：只有"仁"者能公正地喜爱人、也能公正地厌恶人。所谓公正，指对于同一事件、对于所有的人平等对待。公正包括程序公正和社会公正。公正是一项崇高的品德，代表着公平正义、正直善良。我们爱人要爱得公正，厌恶人也要厌恶得合理。我们心中要有一把尺，以道德作为衡量的标准，公正地喜爱或厌恶某人。不要稀里糊涂地成了滥好人，不分是非、不明善恶，与"乡原"一样，都是"德之贼也"。

孔子重视伦理，主张有等差的爱，要先老吾老，然后才及于人之老；要先幼吾幼，然后及于人之幼。由亲及疏，由近及远，与某些宗教人士倡导的博爱，并不相同。

> 我们爱人要爱得公正，厌恶人也要厌恶得合理。我们心中要有一把尺，以道德作为衡量的标准，公正地喜爱或厌恶某人。

孔子勉励众人立志向善，专心向善。《里仁篇》第五章里记述，子曰："苟志于仁矣，无恶也。"我们要立定"见贤思齐"的志向，我们要立定"有为者亦若是"的志向。我们立志向善之后，要专心向善，还要每天自我考核，不断调整。如此一来，即使不能很快成为完善的人，至少不会再做出坏事来。

孔子视富贵如浮云，从不刻意追求。《里仁篇》也有记载，子曰："富与贵，是人之所欲也；不以其道得之，不处也。贫与贱，是人之所恶也；不以其道得之，不去也。君子去仁，恶乎成名！君子无终食之间违仁，造次必于是！颠沛必于是！"

绝大多数人喜爱富与贵，厌恶贫与贱，这是无所谓好坏、无所谓对错的事实。但不应得的富贵却得到了，君子将不会享有它。同样的道理，不应该却真的遭遇了贫贱，君子也不会拒绝它。毕竟富贵与贫贱并非是人人都能够自行掌握的。

在《述天篇》中，孔子还说过"富而可求也，虽执鞭之士，吾亦为之，如不可求，从吾所好"。这番话是在教导学生立定志向，好好做自己应该做的事情。

孔子意在提醒大家，一个人求取财富的结果，如不能达成自己的理想，就会成为没什么价值的赚钱工具。如果能以合理的方法求得正当的财富，又能利用财富来完成自己的理想，一个人的生命将会变得特别有意义。"仁"人、君子不能片刻离开"仁"德，仓促急忙时如此，艰苦困顿时亦如此。

孔子当年周游列国，到过不少地方，在《里仁篇》却说"我未见好"仁"者、恶不"仁"者"。因为真正喜爱"仁"道的人，必定认为世间没有比"仁"道更重要的事了。而真正憎恶不"仁"道的人，必定努力践行"仁"道，不使不"仁"道的事发生在自己身上。这两种人想实行"仁"道，远离不"仁"道，却觉得力不从心，也就是孔子说的，"**盖有之矣，我未之见也**"。

> "仁"人、君子不能片刻离开"仁"德，仓促急忙时如此，艰苦困顿时亦如此。

第二讲

人之过也，各于其党

——细节，最能看出一个人的人品

孔子认为看一个人的过错，便可以判断他的善恶。《里仁篇》记载，子曰："人之过也，各于其党。观过，斯知仁矣。"译成白话文是：人的过失，有各种类别，主要因素在于各人的品性不同。观察一个人所犯的过失，便可以知道他的内心仁或不仁。

一、看人过失，识人于心

识人、知人十分重要，却实在很不容易。孔子告诉我们，看一个人的过失或偏差行为，可以判断这个人是否有"仁"心、有"仁"德。比如，深夜大声说话、喧哗、欢笑，妨碍邻居的休息，当然是令人恼怒的不当行为。如果这个人纯粹没顾虑到邻居的反感，当平心静气告诉他之后，他便立刻改善，我们就可以知道他的仁心还是存在的。

《卫灵公篇》记载，子曰："过而不改，是谓过矣。"初犯过时，难免一时紧张，本能地想要掩饰，会找个理由原谅自己，这反而会制造更多的困扰。最好的方法是勇敢面对事实，想办法补救。学习孔子称赞颜渊的"不贰过"，最好的策略就是痛定思痛，更加谨言慎行。

《公冶长篇》中记述，孟武伯指名道姓一口气问孔子，子路、冉求[①]与公西赤[②]三人是否可称为"仁"者？孔子先分别说了三个弟子的长处：子路可以负责有一千辆兵车大国的军事；冉求有能力担任一千户大县、一百辆兵车大夫家的总管；公西赤有外交长才，可被派去和外宾会谈。然后，孔子又说，至于他们是不是"仁"者，"不知其仁也"。

---

① 冉求，字子有，通称"冉有"，尊称"冉子"，孔子弟子，孔门七十二贤之一。《论语》书中被称为"子"的只有4人，分别是有子、曾子、闵子和冉子。
② 公西赤，字子华，又称公西华，孔子弟子，孔门七十二贤之一。

孔子当然不是看不起自己的弟子，他是基于爱之深责之切的心理，宁可以"**不知其仁也**"来督促弟子更上一层楼，督促弟子成为真正的"仁"者。

二、唯有对楷模的追逐，才不惧时光漫长

孔子列举了"殷有三仁"与管仲①，目的是让弟子明白真正的"仁"者是值得敬仰与学习的。《微子篇》记述，孔子说殷商时代有三位"仁"者，即"**微子去之，箕子为之奴，比干谏而死**"。

微子，名启，是纣王的庶兄，见纣王无道，愤而离去。箕子为纣王叔父，因直谏而被囚。比干也是纣王叔父，苦谏被剖腹而死。这三位之所以被孔子尊为"仁"者，是因为他们不肯屈就于纣王的昏庸无道。

司马迁在《史记》里说纣王"**材力过人，手格猛兽**"，意谓纣王高大威猛、智力超群。其实，纣王原本非常重视农业和生产力发展，实施社会变革，使得国力日益强盛。

然据《左传》记载，公元前1147年，纣王攻打有苏部落。有苏部落首领献出牛羊、马匹、美丽的女儿妲己。纣王深深喜爱这位"杏脸桃腮，眼若秋波"的妲己。从此沉迷于妲己的美色，荒理朝政，引起贵族和大臣的不满。而且他的昏乱暴虐，也造成民心的迅速崩离。

首先，看不惯纣王做派的微子，屡次劝谏都被纣王当耳边风，置之不理。

---

① 管仲，春秋时期杰出的政治家，被誉为法家先驱、圣人之师。齐桓公在位之时，之所以国富民强，全在于管仲的大刀阔斧改革。

微子心灰意冷，便主动离去。纣王的叔父箕子，身为长辈当然也为这个侄儿担忧，数度劝导无效还被囚禁，他怕纣王翻脸杀害自己，于是装疯卖傻，促使纣王将他贬为奴隶。比干没离去，也没装疯卖傻，还继续苦谏，最后竟被剖心而死。

孔子口中的"殷有三仁"，虽然下场各不同，但是都名留青史。微子"乱邦不居"，保住了性命与名节，算是明哲保身了。箕子"无道则隐"，弃富贵为奴隶，可算是"知耻近乎勇"的"仁"者。比干正义直谏，被挖心而死，可算是"求仁而得仁"。但比干不知道把握"邦无道，则愚"的大原则，不免令人心生惋惜。

《泰伯篇》记载，子曰："笃信好学，守死善道。危邦不入，乱邦不居。天下有道则现，无道则隐。邦有道，贫且贱焉，耻也；邦无道，富且贵焉，耻也。"孔子教导学生不进入危险的国家，不居住在动乱的国家。天下太平时就出来做官，天下混乱时就隐居于山林。

至于管仲，孔子不止一次地赞佩过他。《宪问篇》中记述，子路认为管仲不死，是"未仁"。孔子直言："桓公九合诸侯，不以兵车，管仲之力也。如其仁！如其仁！"孔子回答的这句话意谓：齐桓公能不凭武力多次会合诸侯，完全是管仲的功劳。这就是管仲的"仁"德，这就是管仲的"仁"德！

齐襄公[1]无道，鲍叔牙[2]意识到齐国将会动乱，协助公子小白[3]逃往莒国；管仲、召忽[4]协助公子纠逃亡鲁国。齐襄公死后，齐国大乱，管仲、召忽辅助公子纠回齐国争位。管仲、召忽曾参与射杀公子小白，小白诈死，得以先入齐，即位为齐桓公。齐桓公叫鲁人杀了公子纠，且将管仲、召忽送回齐国。召忽以死报效，管仲却受囚偷生。

[1] 齐襄公，春秋时期齐国第十四位国君，在位时荒淫无道，被堂兄弟公孙无知所杀害。
[2] 鲍叔牙，春秋时期齐国大夫，与管仲是知交好友。
[3] 公子小白，即齐桓公，春秋齐国第十六位国君，春秋五霸之首。
[4] 召忽，秋时齐国人，与管仲同时辅佐齐襄公的弟弟公子纠。

鲍叔牙原本就与管仲交情密切，因此，鲍叔牙知道管仲不以小节为耻，是在等待时机发挥才能以扬名天下。鲍叔牙极力向桓公推荐管仲为相，自己甘愿身居管仲下位。鲍叔牙与管仲的友谊一直以来都被人们传为美谈，也被称为"管鲍之交"。

后来，桓公多次号召诸侯，共同抵御外夷的侵略，保卫中原文化，完成了"尊王攘夷"的大业，可以说这完全是管仲的功劳。

孔子十分肯定管仲的"仁"德，并对其连声赞美。当子贡紧接着提出"**管仲非仁者与**"的质疑时，孔子回答得更直白："**微管仲，吾其被发左衽矣！岂若匹夫匹妇之为谅也，自经于沟渎，而莫之知也！**"

孔子认为如果没有管仲，我们都会披头散发，穿着衣襟向左开的衣服，受夷狄统治了。管仲难不成还要跟一般小百姓一样为了守小节，在田间水沟自杀，不被人知道他是谁吗？

黄帝的臣子伯余①发明了衣服，以左前襟向右掩，称为"交领右衽"。而一些习惯骑马的少数民族为了马上活动的便利，他们的服装右前襟是向左掩的。我们华夏民族较早进入了农耕文明，"交领右衽"就被当作是华夏文明与四方夷狄的区别。

> 可见生命保存下来，必须是为发挥更大的功效。

管仲如果没有后来的大功劳，恐怕孔子就不得不同意子路和子贡的评论。可见生命保存下来，必须是为发挥更大的功效。否则还不如像召忽那样，至少留下英勇、忠诚的美名。换句话说，管仲如果苟且偷生，没有辅佐桓公"一匡天下"，不但无法"留取丹

---

① 伯余，传说是华夏民族最早制造衣裳的人。

心照汗青"，还可能会遗臭万年。

不过，孔子有一回也批评了管仲。《八佾篇》记载，**子曰："管仲之器小哉！"**意谓：孔子说，管仲为人看来是个功利主义者。一旁的弟子问，因为他太节俭吗？孔子说，管仲有三个公馆，替他管事的，都是一人只管一事，并不兼职，用了很多人，怎能算是节俭呢？

又有弟子问，管仲算是懂得礼节的人吗？孔子答道，国君宫殿设立屏风，管仲家门前也设立屏风；国君为两国国君的友好而设宴，饮毕会行反坫礼①，管仲在家宴客，也行反坫礼。管仲的这种行为，如果算懂得礼，那么谁不知礼呢？

孔子对人评价客观，应当赞美的就加以赞美；必须指责的，他也不会客气。我们最好考虑自己的身份、地位，效法孔子的这种态度。如果觉得自己还不够格，那就要考虑赞美是否会被人视为谄媚，指责是否会被人当成嫉妒。如果两头不讨好，里外不是人，那就要被看笑话了！

> 如果觉得自己还不够格，那就要考虑赞美是否会被人视为谄媚，指责是否会被人当成嫉妒。

孔子作《春秋》，为什么会让乱臣贼子心生恐惧？就是因为他公正无私，敢赞扬，也敢批评。对于不合理的事情，他会公正批评，这也是希望弟子们能够引以为戒。

《八佾篇》记述，孔子批评季孙氏，**"八佾舞于庭，是可忍也，孰不可忍也"**。八佾舞以八人为一列，八列共六十四人跳舞，是天子所用的舞乐。诸侯只能用四十八人跳的六佾舞，大夫只能用三十二人跳的四佾舞，士只能用十六

---

① 反坫礼，反坫礼为周代诸侯宴会时的一种礼节。"坫"，以土筑之，可以放器物，为两君之好有反坫。

人跳的二佾舞，这些都有正式的规范。季孙氏身为大夫，在宗庙作八佾舞，嚣张得过分，孔子实在无法忍受，公开指责季孙氏僭用礼乐，乱了名分。

每个人的身份、地位不一样，当前所处的环境、面对的人事也各不一样，那就应该寻求最合理、最妥善的途径与方式来处事。越是有地位的人，影响力越大，越需要自我约束，越需要做好自律的功夫。不要任意破坏了规矩、破坏了礼制，造成一些严重的困扰。

在三家大夫中，不只季孙氏目中无君，孟孙氏、叔孙氏也不遑多让。《八佾篇》中记述，依古礼，天子祭家庙后，撤祭品时歌唱《诗经·周颂·雍》以娱神。而大夫孟孙氏、叔孙氏、季孙氏三家，家祭后撤除祭品，竟也歌唱《雍诗》。孔子对此批评说，"'相维辟公，天子穆穆。'奚取于三家之堂？"孔子认为，天子祭家庙，在一旁陪祭、助祭的都是诸侯，整个场面能让人感受到天子的庄严、肃穆。而把这两句诗放在三家庙堂上来唱，除了破坏礼制又有什么特别的意义呢？

孟孙氏、叔孙氏、季孙氏都是鲁国最有权势的贵族。他们为了突显自己的势力，狂妄得很，在家祭时，破坏礼制，唱了只有天子才可以唱的《雍诗》，孔子当然非常不赞成。

三、不要自欺欺人，正义不计失败

孔子的弟子冉有①，身为季氏的家臣，还因为季氏的不当作为，被孔子

---

① 冉有，即冉求，字子有，通称"冉有"，尊称"冉子"，春秋末年著名学者、孔子门徒。孔门七十二贤之一。

责备了两番。《八佾篇》第六章记载，*季氏旅于泰山。子谓冉有曰："汝弗能救与？"对曰："不能。"子曰："呜呼！曾谓泰山不如林放*①*乎？"*

　　季氏是鲁君的臣子，居然要去祭泰山。孔子要弟子劝阻，冉有回应"不能"，孔子感叹说，难不成泰山的神还不如林放懂得礼法，愿意接受不合礼法的祭拜吗？

　　我们都听过"教不严，师之惰"的说法。孔子期望弟子们都能学有所成，然后为国家贡献一分心力。孔子对弟子们说的话，很多时候是"爱之深，责之切"。不过，弟子们都明白老师的用心良苦，都能欣然接受。

　　孔子第二次责备冉求比第一次严厉多了。《先进篇》第十六章记述，孔子当着弟子的面斥责冉求，*"非吾徒也，小子鸣鼓而攻之，可也"*。译成白话文是：他不是我的门徒！弟子们，你们可以揭发他的罪行而声讨他。

　　孔子离开鲁国前往卫国，冉求即随侍在侧。后来季康子召孔子返鲁，孔子推荐了冉求。冉求曾领军与齐作战，获胜。《史记·孔子世家》记述，季康子问冉求，*"子之于军旅，学之乎，性之乎"*，冉求回应："学之于孔子"。

　　冉求将军事才能归功于孔子，当然不是瞎捧孔子的。孔子主张经济与军事并重，并视之为基本国策。《史记·孔子世家》记述，定公会齐侯于夹谷，孔子事先告诉定公，*"有文事者必有武备，有武事者必有文备"*，这句话也成了千古传诵的名言。

　　鲁国童子汪锜为国奋战而死，虽未满二十岁，鲁人因为他忠勇爱国，打算以成人之礼埋葬他，便问于孔子。这在《礼记·檀弓篇》有记载，*子曰："能*

---

① 林放，春秋时著名学者。据史书记载，他是殷代忠臣比干的后裔。一生致力于礼的研究。

执干戈以卫社稷，虽欲勿殇也，不亦可乎！"本来未成人而死称为"殇"，自孔子褒扬汪锜之后，凡死于国事者，不问老少，都谓之国殇。

《子路篇》中记载，孔子说，"善人教民七年，亦可以即戎矣"，在同篇中，孔子又说"以不教民战，是谓弃之"。在这里的"善人"指施行仁政、有仁德的领导。

孔子认为战争是大事，不得不谨慎。"善人"要先教导民众忠孝的大义，再教以战争的道理，这样做的话，七年就可以提战斗力。但是最好不战，在不得不战时还要力求以战止战，这才符合"善人"主政的精神。如果没有事先七年的教导，突然间就要民众上战场，孔子认为那等于是抛弃他们，是违反仁道的。我们中华民族爱好和平，以德为本的主张，在21世纪的现代，必须充分发扬，如此才能使人类得以安居乐业、和平稳定。

> 我们中华民族爱好和平，以德为本的主张，在21世纪的现代，必须充分发扬，如此才能使人类得以安居乐业、和平稳定。

七年是不算短的时间，孔子所谓的七年，是说军事训练与忠孝义理的教化都要讲求实效，不能速成。所以，冉求平日用心学习，孔子的许多言论都能让他有所领悟，这才回应了季康子"学之于孔子"。

孔子斥责冉求"非吾徒也"，是因为冉求明知季氏身为鲁国臣子，却比周王朝的周公还要富有，竟然还替季氏搜刮、聚敛财物，使季氏更加富有。冉求的做法让老师忍无可忍，老师便发动其他弟子一起声讨冉求。老师这样做，一方面要遏制冉求，一方面当然是警告季氏。

冉求"助纣为虐"的做法，枉费老师的长期用心教导，也让其他弟子蒙羞。可见，在任何团体中，我们都应该洁身自爱，做好分内的工作，不能因为自己昧于事理犯错，而连累其他人、破坏集体荣誉。

孔子第三次责备冉求，还是与季氏有关。《季氏篇》中记述，季氏准备出兵讨伐颛臾①，派冉求、子路两位家臣来见孔子。

孔子说，冉求啊！这真是你的过失啊！颛臾就在鲁国境内，也是鲁国属臣，为何要讨伐他呢？冉求向老师说明是季氏想做的，自己与子路原来都不愿意！孔子告诉冉求，担任一项职务，应当尽力去做好，否则就该辞去那职位。

冉求又辩白，如今颛臾，城郭坚固，又靠近季氏的私邑费县，现在不攻取，后世必定成为季氏子孙的祸害。

孔子听了便说，君子最讨厌的，就是不说自己的贪欲，还要为自己说些掩饰的话。无论是诸侯或者大夫，不担心财富不多，只是担心财富分配不均匀；不担忧人民太少，只担忧境内不安定。原话即是"**丘也，闻有国有家者，不患寡而患不均，不患贫而患不安。盖均无贫，和无寡，安无倾。夫如是，故远人不服，则修文德以来之。既来之，则安之。**"

译为白话文就是：一个诸侯国或卿、大夫的家，不愁财富少，只愁财富不能平均，不愁人民少，只愁上下不能相安。因为财富平均，就无所谓贫穷；人民和谐相处，就不会觉得人少；境内安定，就不会倾覆。能够如此，远方的人如果还不归服，就会通过整顿礼乐文教来招引他们。他们既然来了，就要好好安顿他们。

最后孔子说得很直接：现在你和子路两人辅佐季氏，远方的人不来屈服，又不能招引他们，国家分离瓦解，不能保持完整，反而想在国内发动战争，我恐怕季氏的忧患，并不在颛臾，而是在国君的屏风之内呀！

孔子以此告诉两个学生：时局到了不能挽救的地步，你们就引退别干了。孔子义正词严，数落了两位学生，据说还见了效，季氏终究没有出兵讨伐颛臾，至少《春秋》经传，没有记载。

---

① 颛臾，鲁国附庸，在今山东省临沂市平邑县柏林镇固城村。

"不患寡而患不均"这句话在现代社会中还经常被引用，表示财富的分配，最好不要过分悬殊，以免引起社会的动荡。而"不患贫而患不安"这句话也警示我们，贫穷不一定会引起不安，反而在财富分配的过程中，更容易造成社会的不安定。

事实上，大环境不好的年代，大家还可能共体时艰、安分守己，大环境突然转好，有机可乘时，很多人就昧着良心抢当暴发户。社会就失了秩序，很可能会一团混乱。

《子路篇》中记载，叶公问政，孔子回答，"近者说，远者来"。朱熹解读为，享受到德泽的都很喜悦，听闻到优良政风的都前来归附。可见，孔子一向倡导王道，认为以德治国，对内可以得民心，对外可以无敌于天下。因为治理区域内的百姓安居乐业，自然喜悦，即为得民心。远方的百姓得到讯息自然会前来归附，这当然天下无敌。

"近悦远来"近年常被餐饮业者的友人作为颂词，将其制作成匾额，悬挂于餐厅柜台的后墙上。这用得十分贴切，大家看了也都很高兴，只是很少人注意到这竟然是孔子说的一句好话。

《卫灵公篇》中记述，子贡不问"仁"，而问"为仁"，孔子回答他，"**工欲善其事，必先利其器；居是邦也，事其大夫之贤者，友其士之仁者**"。译为白话文是：工人想要做好工作，必先磨锋利工具。居住在这个国家，必须先尊崇这个国家中的贤大夫，结交这个国家中有"仁"德的士人。

"为仁"二字可以解读为培养"仁"德，也可解读为推行"仁"道。要推行"仁"道，自己必定要先培养"仁"德。《荀子·劝学》有言"蓬生麻中，不扶自直，白沙在泥，与之俱黑"，俗话也说"近朱者赤，近墨者黑"，我们想要"见贤思齐"，当然要想办法结交有"仁"德的人，亲近他们就是见贤，见了贤才有可能思齐。如果自甘堕落，整天跟一些缺德鬼厮混，怎么可能会自省、改过呢？

《宪问篇》中记载，子曰：“**君子而不仁者有矣夫！未有小人而仁者也！**”译为白话文就是：君子有时候也会违背了“仁”德，小人却从来就没有“仁”德。

形象是外在的表现，有些人大部分时间都表现良好，但难免偶尔动了歪念头，违背了“仁”德。还有些人长期沽名钓誉，在众人面前制造假象，实际上表里不一。找这些人推行“仁”道，必定徒劳无功、白费心力。

我们现在就来探讨一下孔子心目中的君子与小人有什么区别。翻开《论语》第一篇第一章，就是我们前面讲到的“孔门三乐”，最后一句就出现了“君子”二字。这里的“君子”指的是“道德修养良好的人”。

接着在同篇第八章，孔子告诉弟子们，“**君子不重则不威，学则不固。主忠信，无友不如己者，过则勿惮改**”。译为白话文是：君子不庄重便没有威严，会令人不加以敬重。多多学习，才能够不固执。要想让人家看得起，最好亲近忠信的人，不要结交不如自己的朋友，有过失也不用怕没有面子，要马上下决心改过。

君子会在适当的场合，表现出合理的态度。应该庄重的场合，如果举止轻佻、嘻皮笑脸，一副小丑模样，当然毫无威严，让人尊重不起来。这就是自作自受，不能责怪他人缺乏修养。

孔子以“**无友不如己者**”，来提醒弟子们，相互勉励、共求长进。一个人一定要先“修己”，这样才能避免同侪将你视为“不如己者”而轻视你或将你列为拒绝往来户。王阳明①在《教条示龙场诸生》中，教学生们要相互责善，就是让学生

君子会在适当的场合，表现出合理的态度。

————

① 王阳明，即王守仁，他是明代杰出的思想家、文学家、军事家、教育家，更是“心学”的集大成者。

们相互督促、努力向上。

《周易·系辞上》说，"方以类聚，物以群分"，意谓天下人各以其道而按类别相聚合。善类的就是志同道合，非善类的可称为臭味相投或狼狈为奸。我们要多方学习，多多接近忠实、诚信的人士，常向比自己高明的人请教，不要浪费时间到处吹嘘自己。

《卫灵公篇》记载，**子曰："群居终日，言不及义，好行小慧，难矣哉！"**孔子看不惯整天聚集在一起，没说半句正经话，喜欢耍小聪明的这些人。孔子直截了当地说，这些人不可能有什么成就！

关于"学则不固"，对于今日各级学校的教学与教育目标也是一语中的。在四五十年前，许多人就认识到知识爆炸的时代来临了。二三十年来，中国台湾大学里的课程规划都已经是跨领域了。物理学、生物学、医学、机械学、信息学系的学生，不再认为只研读专业学科就能在毕业后找到合适的工作。现今的大学生最好多选几门不同科系的课，多学些不同专业的东西。如此，可以扩展自己的视野，不固执地死守自己唯一的专业而跟不上时代潮流。有的老师鼓励学生在本科阶段、研究生阶段与博士阶段读不同的专业。我认为，这样的人横跨三个领域，肯定比专攻一个领域的更受业界欢迎。

《学天篇》第十四章记载，**子曰："君子食无求饱，居无求安，敏于事而慎于言，就有道而正焉：可谓好学也己。"**孔子认为君子好学的模式是：不强求饮食的满足与居处的安适，勤敏做事，谨慎说话，亲近有道德的人来纠正自己的偏差与错误。

人生最重要的事情，莫过于提升自己的道德修养。我经常勉励学生：精神层面要向上比，因为比上铁定不足，就要力争上游，朝品学兼优的目标大步迈进。物质层面要向下比，比下总是有余，就不会去羡慕那些奢侈的富人。人比人会气死人，我们应该以今天的自己比昨天的自己，比较自己做人、做事是否有进步？学问有没有增长？

《为政篇》记载，**子曰："君子不器。"**孔子告诉弟子们：有才德的君子不像一般的器皿，只有一种用途。跨领域学习是孔子早就关注过的课题。孔子鼓励学生要做两件事。其一，尽量多学习，朝通才的目标前进，不要只成为专才，局限了自己的视野。其二，要有自己的意志，可以有多项选择，毕竟"条条大路通罗马"，要选择合乎自己理念的工作，不能委屈了自己。

第三讲

先行其言，而后从之

——一念即起的行动，是最了不起的才华

在《为政篇》中，子贡请教老师，怎样才算是君子？孔子说，"先行其言，而后从之。"译为白话文就是：君子没说以前，就先做了；做好了才说。

　　现今有一些好高骛远的人，眼高手低，光说不练，最终落得颜面尽失、被人嘲笑的下场。如果看准了是应该要做而且合理的事，可以先做了再说。做成了大家都高兴；做不成，大家看到你的心意与努力，也不会怪罪你的。

一、评价善恶要看动机是否纯良

我们一定要言行相符，而且要先行后言，这才是正途。因为空话说多了，信用就会向下递减，会被人看轻的。君子应该谨言慎行，凡事考虑好才做、考虑好才说。每个人的个性不一样，自然可以有各自的考量。

《公冶长篇》中记述，**季文子①三思而后行。子闻之，曰："再，斯可矣。"** 因为季文子行事思虑过多，有时可能会错过最佳时机，有时可能会让原先的好意变换为恶意。有些事情必须当机立断、果断而行。

《雍也篇》记述，**子谓子夏②曰："女为君子儒，无为小人儒。"** 译为白话文是：你该做个君子型的大儒，不要做小人型的庸儒。孔子把读书人区分为君子型和小人型两大类，分别称为君子儒和小人儒。君子儒是活读书，还能活用书中的道理，对社会人群作出贡献的读书人。小人儒则是死读书，会考试，却不能实际应用，像个两脚书橱。

在孔门，子夏与子游③同列为"文学"之科。在孔子生前，子夏已崭露头角，到魏文侯初立时，则已巍然成为大师了。魏文侯④也是贤者，尊子夏

---

① 季文子，即季孙行父，春秋时期鲁国的正卿。

② 子夏，，即卜商，字子夏，春秋末期思想家、教育家，名列"孔门七十二贤"和"孔门十哲"之一，也尊称"卜子"。

③ 子游，孔子弟子。春秋末吴国人（亦说鲁国人）。姓言，名偃，字子游。

④ 魏文侯，本名魏斯，战国时代，魏国的开国君主。

为师。子夏在西河设石室学堂授徒，西河老百姓都看待他如孔子，他人望甚隆，真的不负老师的期许。

孔门授学，略分传道之儒与传经之儒两大系。大体说来，曾子[1]、子思[2]、孟子[3]以及《中庸》《易传》一系为传道之儒。自子夏至荀子下及于汉初经师，则为传经之儒。其实，曾子、子思、孟子、子夏与荀子都有性情、有识度、有行道之志、有文化理想，是能先天下之忧而忧，后天下之乐而乐者，亦即孔子所谓的君子儒。从这些君子儒的作为与成就，也可见孔子教化作育之功。

多了一个"儒"字，君子儒与小人儒各有专擅，也有不同的境界。去掉这个"儒"字，君子与小人就截然不同了。

《为政篇》中记载，子曰："君子周而不比，小人比而不周。"孔子明确告诉学生：君子对待所有的人，一概亲切而不结派营私；小人结派营私，而不能亲切对待所有的人。

二、大格局意识是平庸与优秀的区别

《周易》比卦中，《象传》以"地上有水"来象征两者亲密无间。六三爻的象辞说：亲比不该亲比的人是很可悲的。从这里可以看出来，"比"和"周"的意思，实际上都是亲密的组合。但是细分的话，以义而亲密结合的称为"周"，以利而亲密结合的称为"比"。

---

① 曾子，春秋末年思想家、儒家大家，儒家学派的代表人物之一，七十二贤之一，儒学五大圣人之一，孔庙四配之一。

② 子思，即孔伋，孔子的嫡孙、孔子之子孔鲤的儿子。子思上承孔子中庸之学，下开孟子心性之论，并由此对宋代理学产生了重要而积极的影响。

③ 孟子，与孔子并称"孔孟"，战国时期儒家思想代表人物之一。

由此可见，君子和小人的区别，常在于动机不同，为公为义的是君子，为私为利的是小人。而公私的区分、义利的差别，并没有固定不变的标准，实在很难以白纸黑字来作硬性的规范，真的只能各凭良心来加以判断。

公司里的领导、干部都大公无私的话，就能使公司上下一心，业绩良好、顺畅兴旺。公司里若有人结派营私，勾心斗角，就会伤了和气，使员工不知所从，并导致公司倒闭解散。

君子待人亲切，温和有礼，所以在《子路篇》中，孔子说"**君子易事而难说也**"，因为"**说之不以道，不说也**"，但是"**及其使人也，器之**"。孔子还说"**小人难事而易说也**"，因为"**说之虽不以道，说也**"，但是"**及其使人也，求备焉**"。在本段引文中，这个"说"字都要通心旁的"悦"字，表示欢心、愉悦的意思。译成白话文是：君子容易侍奉，但难以讨得他的欢心。不以正道讨好他，他就不喜欢。任用人的时候，他能因材器来用人。小人难以侍奉，却容易讨得他的欢心。虽然不以正道来讨好他，他也会喜欢。但是在任用人的时候，他却处处苛刻求全。

身为领导、老板，一定要会用人。只有适才适用，整个团队的成员才会各尽所能，合作愉快。如果大材小用，那一定会令对方心生不满而浑水摸鱼；如果小材大用，就会出现失误连连而耽误公务，使整个团队士气低落、一败涂地。

小人争的是私人小利，很容易讨好。君子大公无私，一切凭良心，不容易讨好。所以《八佾篇》载，子曰："**君子无所争，必也射乎！揖让而升，下而饮，其争也君子。**"

古时，两人比赛射箭要遵循射礼，两人并进射场，互相三揖以示尊敬，然后才升堂竞技。射完了箭，又相互作揖走下堂。最后，胜的人再向败的人作揖并升堂饮酒。

现代的竞技运动，大部分的参与者都是势在必得，所以赛前行礼常常是虚应做事，既不真心，也没诚意。有些人甚至在竞技过程中，频频使出一些小动作来干扰对手，而得胜时又趾高气昂、咄咄逼人。最掉价的做法是败时满腹牢骚、怨声载道，真是令人不敢恭维。

> 我们是懂得礼让的民族，可以用让来争，争得好像没有争一样，这是一种艺术修养，也是礼让和竞争的结合，是真的君子之争。

我们是懂得礼让的民族，可以用让来争，争得好像没有争一样，这是一种艺术修养，也是礼让和竞争的结合，是真的君子之争。

我再说明一下不争之争的意涵：我们自己不断充实，增强自己的竞争力。放松心情，不特别在意胜败，获胜了固然可喜，即使败了，也不必垂头丧气，回去再努力，等待下一次验收成果。礼貌、周到一些，不论胜败，都不能连风度都输掉了。

《里仁篇》中记载，子曰："君子喻于义，小人喻于利。"孔子说得很明白：君子能够把对于利益的追求，控制在合理的范围内。孔子把利分成两种，一种是合义的利，我们现代称为合理的权益；一种是不合义的利，我们现代人称为"不当所得"。合理的权益当然受到法律的保护，"不当所得"则被法律所禁止。

小人满脑子想的都是如何获利、如何致富，伦理道德早已置之脑后。君子正好相反，会先想到礼法、想到正义，不至于见钱眼就开。

《里仁篇》中记述，孔子告诉学生，"**君子怀德，小人怀土；君子怀刑，小人怀惠**"。"怀"字在这里指心念，心心念念。君子时时刻刻，心心念念的是对道德、法度的遵行，不敢有一丝一毫的邪心。小人却一心想的是从哪里可以获取越多、越大的好处。

讲到这里，我们很清楚地看出来，君子与小人最主要的差异，即在于品德修养方面。换句话说，便是品格和志趣有所不同。心中所重视的，为公还是为私？为义还是为利？各有各的重点。其实，君子所想的，小人也可以想，小人想变成君子，只要修正自己的念头，很快就能够达成愿望。小人想的，君子也可以想，只要两方面兼顾并重，依然不失为君子。

> 小人想的，君子也可以想，只要两方面兼顾并重，依然不失为君子。

所以，《里仁篇》记载，**子曰："君子之于天下也，无适也，无莫也，义之与比。"** 译为白话文就是：君子对于天下一切事情，没有一定的主张，也没有一定不要的坚持，只要依从当时、当地最为合理的方式就好了。

世界上的事物，凡是叫得出名字的，都是相对的。君子的修养良好，所表现的态度，应该也是相对的。既不绝对地肯定，也不绝对地否定。一切事物，都要因人、因事、因时、因地寻求最合理的答案。

任何事物，都是时间与空间的交集，脱离其一，就很难区分出对错、好坏与善恶。我们必须配合时空的变化，以合理为标准，慎重思虑和分辨，以免误解、错判。

> 我们必须配合时空的变化，以合理为标准，慎重思虑和分辨，以免误解、错判。

《易经》的"一阴一阳之谓道"，让我们认识到，凡事有好的一面，往往就有不好的一面。最好两面兼顾，以求合理，以免一厢情愿，为了一点点好处而失去更多。一个人要慎思明辨，从不同层面、不同立场来看事物，这样才不会轻易武断，才能容易掌握真正的合理点。

君子的言行既然都合于义理，必定无时无刻都是"坦荡荡"；小人违礼背义，偷鸡摸狗，必定"长戚戚"。

一个人若整天紧张不安，担心东窗事发，不知如何应对、善后，即使面对山珍海味都会食不知味，即使坐拥金山银山，也快乐不起来，小人的日子必定难过！

我们常说"仁人君子"，将"仁"人与君子两个名词连用，指称有"仁"爱之心、品德高尚的人。坦荡荡的君子当然与《子罕篇》中孔子所说的"仁者不忧"相吻合。

君子真的都不忧吗？《卫灵公篇》中记载，**子曰："君子谋道不谋食。耕也，馁在其中矣；学也，禄在其中矣。君子忧道不忧贫。"** 译为白话文就是：君子谋求济世安民的道理，并不谋求个人的衣食。耕种，有时也免不了挨饿；学有所成，俸禄自然可以获得。君子忧愁的是理想不能完成，而不忧愁贫困。

孔子说**"耕也，馁在其中矣；学也，禄在其中矣"**，旨在勉励弟子好好学习，学而优则仕，然后贡献所学。为人民服务与为公家做事，是个人尽社会责任的具体表现。同时，可以获得俸禄，家庭的衣食也不成问题。

从前是农业社会，农民靠耕种的收获来糊口。能不能有好的收成，几乎要看老天爷的脸色。后来的商业社会，做生意、赚大钱的虽然为数不少，但承担的风险也层出不穷，常常令人有"眼看他起高楼，眼看他宴宾客，眼看他楼塌了"的感慨。至于劳工的辛苦众所皆知，既缺社会地位，又常被不良老板剥削血汗，长期吃苦耐劳，健康也亮起红灯。

所以在过去，有"万般皆下品，唯有读书高"的观念，确实也有"十年寒窗无人问，一举成名天下知"的实例，但是十之七八总是名落孙山、望榜兴叹，只有十之二三能名题金榜、步入仕途。

现代社会早已脱离了科举时代，条条大路都可以通罗马。不，通罗马没什么用，通北京、通上海才有好处。各行各业都有顶尖人才，他们在创业的同时，创造了不少就业机会，养活了成千上万的家庭，也给自己赚取了巨大的财富。然而，在这些人才中，也不都是清华、北大等名校毕业的。可见，会读书、会考试的人未必就会做人、做事！

三、言行是发自内心的美德

孔子所谓的君子，形于外的言行，都是发自于内心的美德。所谓的小人，则沾染了世俗的鄙陋、卑污，而丢失了善良的本性。君子和小人分别代表人格的两个极端，孔子常以对比的实情来提醒学生要有明智的选择。

《颜渊篇》中记载，**子曰："君子成人之美，不成人之恶；小人反是。"** 能成全别人的理想、希望，是一种难得的美德，君子必须具有欣赏、接纳，以及宽宏大量的素养。

小人的心胸通常比较狭窄，见不得别人好。听到有人夸赞某人的优点，小人必定想尽办法揭发某人的缺失，并大肆批判和指责。揭发不着实际，甚至可以捏造事实，实在下流。

要做到成人之美不难，可以有不同的途径。不一定非要出钱、出力，也不一定非要亲自参与。只要不打击、不攻讦、不抹黑、不曲解，在一旁顺水推舟，便可乐观其成。成全他人应该要有选择性，不能够什么忙都帮，瞎热心成了滥好人。比如，遇到夫妻之间反目，吵着要离婚，你能不问青红皂白就"成全"他们吗？

我们都相信君子谦虚礼让，不会骄傲自大；小人得意忘形，立刻流露出骄傲的神态。《子路篇》中记载，子曰："君子泰而不骄，小人骄而不泰。"君子总是安详舒泰，小人患得患失，经常焦虑不安。我们欣赏君子的安详舒泰，敬重君子的谦让有礼，也要向他们多多学习，提高自己的品德修养，早日加入君子的行列。已经成为君子之后，要多多引领亲朋好友都成为君子，使得我们的社会更和谐、更美好。

我们认为君子或小人，都不是天生的，而是后天经过学习或受环境的影响逐渐形成的。

我们认为君子或小人，都不是天生的，而是后天经过学习或受环境的影响逐渐形成的。《宪问篇》中记载，子曰："君子上达，小人下达。"人人自作自受，必须为自己成为君子或小人，负起全部的责任。

君子一切凭良心，依循天理为人处世，日求上进，令人尊敬。小人只顾争名夺利，不择手段，当然日趋下流，令人轻视、厌恶。

《卫灵公篇》中记述，孔子与卫灵公理念不合，离开卫国，走到陈国时没有了粮食，随行的弟子都饿极了，无法起床。子路心里不快，来见孔子说，君子也会这么样穷困吗？孔子从容不迫地回应，"君子固穷，小人穷斯滥矣"。

君子穷困时固守着原则，照样安分守己。小人穷困时，就不会守本分，就会胡作非为了。

穷困常常是老天爷给人的一道关卡，考验人们的因应态度，促使人们看清自己，到底是君子还是小人。孔子与弟子们在陈国绝粮受困之时，率真的子路不顾师生礼仪，竟然向孔子抱怨起来。孔子并不生气，依然尽教导的责任。他告诉子路，君子穷困时固守着原则，照样安分守己。小人穷困时，就不会守本分，就会胡作非为了。

人的一生起起落落，有时春风得意，有时山穷水尽。如果一遭遇穷困便禁不起考验，这种只能处顺境，不能处逆境的人，实际上相当可怕。然而，君子修养良好，意志坚定，在现今热衷追求物欲的社会中，反而容易受到排斥和轻视。其实，正因为如此，君子才更加难能可贵。

《卫灵公篇》中记载，**子曰："君子求诸己，小人求诸人。"** 这个"求"字在这里解作"责备"。若出现过失，一般人的习惯，都是先责备别人，再责备自己，或者根本不责备自己。当然，也有少数的君子只责备自己，而不责备别人，这才是内心充实，对自己负责任的表现。

我们要铭记"自作自受"这句老话，对自己的所作所为，就应该负完全的责任。我们怪不得别人，也没资格去责备别人。事实上，自己不努力，却企图将不理想的结果，归罪于别人——这样的推卸责任，只不过是自欺欺人，况且也于事无补。

《卫灵公篇》还记载，**子曰："君子不可小知而可大受也。小人不可大受而可小知也。"** 译为白话文就是：君子不见得在小事上受人赏识，但可以接受重大任务。小人不可以接受重大任务，但在小事上可能受人赏识。

四、以通识为本，格局高远

君子通常多才多艺，足以担当各种任务，算是通才。一般人就不该用细枝末节或特定用途，来衡量与评断他的才能。换句话说，小鼻子、小眼睛的俗人既看不懂君子的作为，也无从欣赏君子的品德。

孔子是认可通才教育的。《子路篇》中记述，樊迟向孔子请教种植五谷的方法，孔子说，"吾不如老农"。樊迟又向孔子请教种植蔬菜的方法，孔子说，"**吾不如老圃**①"。樊迟退出，孔子说，"**上好礼，则民莫敢不敬；上好义，则民莫敢不服；上好信，则民莫敢不用情**"。孔子认为，在上位的人好

---

① 老圃，有经验的菜农。

礼，百姓就不敢不恭敬；在上位的人好义，百姓就不敢不服从；在上位的人好信，百姓就不敢不诚实。紧接着，孔子又说，"**夫如是，则四方之民襁负其子而至矣，焉用稼**"。孔子认为，如果能做到这样子，各地方的百姓都会背着小孩来归服你，哪里用得着自己去种庄稼呢？

孔子的这段话，非常尊重老农与老圃的专业素养，指点樊迟如果要请教这方面的问题，应该向他们请教才对。"不如"并不是不懂，而是不如老农夫与老菜农那样专业。

一方面，孔子所说的就是"小知"与"大受"的问题。孔子曾说自己"**少也贱，故多能鄙事**"，这样出生的孔子岂有不知农艺、园艺的道理？但孔子志不在此。孔子于礼、乐、射、御、书、数"六艺"，无一不精，但他专注讲求的是修齐治平一贯之道，非仅仅为各种专门学识与各种专技而已。

另一方面，孔子的这段话涉及了百年大计的教育问题。不管是各行各业的职能培训，还是中高职与大学的各专业人才培养，都必须规划共通的基本课程，也就是落实现代社会所提倡的通识教育。

通识教育的重点，应该以礼、义、信来培养学生健全的人格，教会学生以仁、智为原则来管理情绪、待人处事。简单来说，就是把人培养成孔子所认定的"君子"。即便是在商业社会中，领导者不必，也不能样样学习，只要能整体把握，跨领域融合，就会有下属根据分工各司其事，这才是分工与合作的主要精神。孔子这样回答樊迟，也是"**知之为知之，不知为不知**"的科学态度。

> 通识教育的重点，应该以礼、义、信来培养学生健全的人格，教会学生以仁、智为原则来管理情绪、待人处事。

在《子张篇》中，子夏说了一段附和老师的话，"**虽小道，必有可观者焉，致远恐泥，是以君子不为也**"。子夏主张博学，认为各种技艺，虽然是小道，却也有可取的地方。但是做人、做事的道理才是根本。一个人不能够专门注重技艺，却忽略了做人、做事的基本道理。

第四讲

修己以敬，修己安人

——提升「能量」场，打造有力度的微环境

在《宪问篇》中，子路率直地请问老师怎样才算是君子。孔子回答说，"修己以敬"。子路再问，这样就够了吗？孔子说，"修己以安人"。子路又问，这样就够了吗？孔子说，"修己以安百姓，修己以安百姓，尧舜其犹病诸"。孔子主张内圣外王，提倡把一个人的内圣修养，发扬到外王的事业上面，以充实内圣的人格。

一、逐级而上，提升"能量"场

"修己以敬""修己以安人""修己以安百姓"代表内圣外王的三个层次，由浅而深，由近而远，也由亲而疏。先由"修己以敬"做起，进而"修己以安人"，再扩展为"修己以安百姓"。这种远大的目标，不要说一般人达不到，尧舜都还不能完全达成。但是取法乎上，才能做到中等的程度，所以孔子把三者都说出来，以督促大家努力向前。

"修己以安人"是孔子思想简明的目标，也成了儒家最重要的价值之一。修己安人必须一步一步由己及人。修己是根本，不修己何以安人？现代人比较急躁，自己还没修好，就按捺不住而"好为人师"，动不动就要批评别人、指导别人，这当然只会起反效果，闹得大家都很不愉快。

想安人，必先修己。想修己，必先有"敬"的心态。对自己的人生，要抱持敬谨的心态，要有目标、有理想，更要先有志向。如果任意游戏人间，很可能荒唐度日，一事无成，甚至颓废沉沦，如同行尸走肉。《论语》里每一篇、每一章都是谈为何修己、如何修己，被历代学者公认为是最佳的人生指南。

在《泰伯篇》中，曾子提出"**可以托六尺之孤，可以寄百里之命，临大节而不可夺也**"，他认为具有如此担当的人才是君子。

曾子说出托孤、任事、忠诚这三个条件，也是为人下属值得学习的要项。三国时代的诸葛孔明之所以能流芳百世，便是因为符合这三个条件，而且他表现得极为出色。

在现代一些公司中，公司的事业愈做愈大，老板的年龄也愈来愈大，这个时候，他会考虑要"交棒"给子女或可靠的干部。子女成材，便能顺利接手。其实，子女能守成就不错了。当然也有"青出于蓝胜于蓝"的，他们可以带领企业百尺竿头，更进一步。如果子女少不更事，大老板就必须找寻忠诚、可靠的干部加以辅佐与引导。如果老板看走眼了，找寻来的干部根本缺乏仁心，自私自利，甚至内神通外鬼，偷天换日，吃掉了整个公司，那真是极其可怕的事。如果辅助的干部有才干，又熟读《论语》，饱受中华道统文化熏陶，忠诚仁义，谨守本分，负责尽职，就是值得庆幸的事了。

《雍也篇》记载，孔子点出了君子的基本条件，**"质胜文则野，文胜质则史。文质彬彬，然后君子。"** "质"指未经雕琢的本质；"文"为外在的文采；"史"指浮夸、虚假；"彬彬"是物相杂却配合适中的样子。

孔子认为：一个人如果内在的实质胜于外在的文采，就会像个粗鄙的野人；如果外在的文采胜过内在的实质，就会显得浮夸、虚假。实质和文采调和适当，便成为君子。

一个人的内在和外表，都十分重要。前者指学问、道德，后者即口才、仪态。学问好，却不善辞令，表达能力欠佳，还不知道讲究外表、仪态，让人觉得呆滞、粗野。反过来，口才好，仪表也出众，肚子里却没有什么学问，品德也不好，就会给人浮夸、不实的印象。

有人忠厚老实，却不知礼节，常常闹笑话，被人嘲笑，真是失礼了。有人口若悬河，却空无内容，让人不知所云，浪费大家宝贵的时间，惹人厌烦。孔子认为实至名归，表里一致，才是够格的君子。

现代社会信息泛滥，网络上被称为网红的一大堆，其中真正学养俱佳，说起话来有条不紊、头头是道的却少之又少。

尤其有一些人总是摆出一副张牙舞爪的嘴脸，说出来的话常常有种语不惊人死不休的感觉，实则言之无物，内容空洞，甚至于无凭无据地传达一些不合逻辑、有害身心的言论。对此，我们要保持耳聪目明，时刻加以甄别、舍弃，以免被污染了。

除了用君子与小人的对比来教导学生，孔子还有好多智慧之言，直接指点君子之道。

比如，《卫灵公篇》中记载，**子曰："君子义以为质，礼以行之，孙以出之，信以成之，君子哉！"**孔子告诉学生：为人处世，以合于义理为基本原则，讲求合适的礼节，善用谦逊的言语，用诚信的态度来贯彻自己的言行，这样就是个君子！

一般人喜欢理直气壮，认为自己有道理，就蛮横无理，他们与人沟通常常语气欠佳，令人不敢领教。还有一些人得理不饶人，好像要置人于死地，才肯善罢甘休，这反而使得自己变成了不讲理的流氓、恶霸。我们有道理也可以理直气和，谦恭有礼，这样反而会更受欢迎。

礼以敬为本，不敬便不成其为礼。人与人的关系不同，所产生的情感不一样，所以采取的礼节也不相同。亲疏有别，适当的礼节才能让人合理地接受与回应。礼多未必人不怪，过度的礼节会让很多人觉得礼多必诈，会怀疑你的动机。

> 礼以敬为本，不敬便不成其为礼。

在"孙以出之"中，"孙"字通"逊"字，有谦让的意思，这是与人相处的一种美德。一个人若常常提醒自己的学识、能力都不够，不能目中无人，不应该妄自尊大，这样就比较容易谦让，也不与人争执。如果只会逞口舌之利，在言辞上争胜，实际却无所作为，就会让周围人反感。

二、我生本无乡，心安是归处

《颜渊篇》记述，司马牛也向老师"问君子"，孔子说，"**君子不忧不惧**"。孔子看司马牛的脸上出现了疑惑的表情，又补了一句，"**内省不疚，夫何忧何惧**"。

人生最理想的状态，应该是心安理得。心不能安，就难免要忧愁，会害怕、会坐立不安。整天坐立难安，就做不了什么事，就会十分难过。要心安理得，最可靠的方法，莫过于"日三省吾身"而力求改善。时日久了，逐步改善完了，反省时都不觉得愧疚了，就是心安理得，也就不忧不惧了。

不忧不惧代表内心安宁自在，没有忧愁不会恐惧。人为什么会忧愁？有什么好恐惧？担心说错话连累了上司？忧虑做错事让父母没脸见人？伤害上司、让父母丢脸都还有挽救的余地。真正要忧惧的是自己违背了良心，破坏了规矩。

良心与规矩就是伦理道德内在与外在的根基。我们说孔子要弟子"**无终食之间违仁**"，违"仁"也就是违背良心、破坏规矩，君子离开了"仁"道就不成其为君子了。

《卫灵公篇》中记载，子曰："**君子病无能焉，不病人之不己知也。**"《学天篇》记载，子曰："**不患人之不己知，患不知人也。**"《宪问篇》记载，子曰："**不患人之不己知，患其不能也。**"《里仁篇》记载，子曰："**不患无位，患所以立。不患莫己知，求为可知也。**"这四句话字句不同，意旨略同，都在强调自己要先站稳脚步，不必在乎别人是否知道你的才干，是否肯定你的德行。

在现代社会中，孔子的这四句话更显得十分重要。别人知道你很行，就夸赞你，并让更多的人知道你很行，但你绝对不能就此得意洋洋、骄傲起来。你一定要更加用心、更加认真才是。

别人不知道你有才、有德，不说你好、不夸赞你，但这并不会造成什么损失，你也不用忧虑，因为这可能还会让你省掉一些麻烦呢。一个人名气大了，难免会招人忌妒，就会遭遇各种困扰，倒不如继续沉潜低调，提升更多的才能与更高的品德。

一个人有实力，自然会出头，也一定会有人赏识。没实力，若给你提供了很好的机会，你很快就会被看清本质，到时候多丢脸啊！实力愈强大，声名愈远播，你愈能给别人带来好的影响与正面能量，这才是前面所讲的"修己安人"的好事。没实力，徒有虚名，只会让你更不自在，更难过而已。

《宪问篇》中记载，子曰："君子耻其言而过其行。"译为白话文就是：君子会因为自己的言语超过行为而觉得可耻。心理学家认为，言过其实是自卑的表现。深怕大家看不起，所以自夸自大。没想到其结果是更加不受欢迎，更加被看轻。我们应该有几分把握，说几分话，甚至再少一、两分。做成了、做好了，你不必说，人家看在眼里，就算舍不得夸你，也不敢乱批评，讲你坏话。

《雍也篇》中记载，子曰："君子博学于文，约之以礼，亦可以弗畔矣夫！"译为白话文就是：君子学识广博，用礼法约束自己的行为，也就不至于背离正道了。

要成为君子并非难事，博学于文与约之以礼兼顾并重就很接近了！这两者缺一不可，因为欠缺一项，便会产生倾斜，从而走上偏道或邪路。

要成为君子并非难事，博学于文与约之以礼兼顾并重就很接近了！

品德修养再好，别人也不一定能感觉得出来，而行为举止，大家都很容易看出来。表里一致，大家都很尊重；嘴里说一套，实际表现却是另一套，日子久了，没有人会相信你的。心术不正的人，知识愈多，做坏事愈方便，造成的伤害也愈大。我们读书明白的道理，一定要认真践行，才能成其为君子。

孔子满腹经纶，学富五车，道德修养无与伦比，但他还两次谦逊表明自己没能做一位君子。如在《述天篇》中记载，**子曰："文，莫吾犹人也。躬行君子，则吾未之有得。"** 这句话译为白话文就是：努力求取学问，我大概还可以跟得上人家，但对于做一个身体力行的君子，我还没能做到。《宪问篇》记载，孔子说，君子有三种美德，我都未能做到，就是**"仁者不忧，知者不惑，勇者不惧"**。这时子贡立刻接嘴，说这三种美德，正是老师的自述啊！

老师自谦，弟子推崇，师生的情感自然流露，这令人万分感动。反过来说，如果老师自夸，弟子却马上问，老师真的这么好吗？那就真的很伤感情了。现代有些人"好为人师"，很喜欢批评加指导，实际上这些人又不是真的高明。其实，自以为是，喜欢自夸，一定会让人避之不及。

"仁者不忧"，是专指不忧虑自己的事情。至于家族亲友、社会公益与国家政治的许多事情，"仁"者难免还是会忧的。范仲淹以天下为己任，"先天下之忧而忧"，既要忧国又要忧民，他情操的伟大当然不是凡夫俗子所能比的。如果我们有能力帮助亲友解决一些麻烦事；有能力帮助社会上一些贫困、伤残、日子难过的人，我们就是快乐无忧的"仁"者。

智者具有选择与判断的能力，足以明辨是非，区分善恶，更能巧思敏行，获取极佳效益。梁启超认为，一个人要有基本常识、专门知识与总体智能，才能不惑。我们应该及早让自己不惑，这样才能学以致用，与时俱进。

暴虎凭河是有勇无谋，《述天篇》记载，孔子明说，**"吾不与也"**。历史上有勇无谋的都没能功成名就。真正的勇者有智慧、有正义感，气势盛大，无所畏避。天下有事的时候，他一夫当关，可以无敌，当然不惧。在日常生活中，他大义凛然，敢作敢当，善人当然乐于与之为友；恶人则退避三舍，他当然也无所惧。

《卫灵公篇》中记载，**子曰："君子矜而不争，群而不党。"**用现代白话文说就是：君子庄敬自守但不与人争执，合群但不与人结党营私。做人要遵循内方外圆的道理，从孔子的这番话来体会，应该可以有较具体的领悟，实践起来也较有成效。

有所为也有所不为，应该是君子为人处世的原则。外貌庄重、温良，内心信念坚定。和善诚恳，不与人争权夺利，自然不生仇隙，没有纠纷。君子之交淡如水，正直坦诚，不需结党结派，一切以公众利益为考量。

《卫灵公篇》中记载，**子曰："君子贞而不谅。"**用现代白话文来说就是：君子固守正道，不拘泥于小信、小节。孔子一向重视信用，儒家也特别讲究诚信。而孔子这番话中的"谅"字，并非合乎义理的大信、大节，而是偏离仁义的小信、小节。

换句话说，诚信固然是美德，但如果违背义理，却妨碍正道，那宁可失信才对。对某些不合理的事情，我们有时候受外界的影响，不得不暂时答应下来，但最后还是不应该去做这些不合理的事情。

有些人表里如一，可能是真君子；有些人装模作样，貌似忠厚，其实是个伪君子。《先进篇》记载，孔子说，**"论笃是与，君子者乎？色庄者乎？"**译为白话文便是：要称赞言论笃实的人，必先考察他是否是个真正的君子，判断他是否只是外貌庄重的人。

我们不能以貌取人，更不应该以第一印象来评断他人，这实在太危险了。

> 真正的勇者有智慧、有正义感，气势盛大，无所畏避。

因为人的外表，常和内心并不一致。我们重视自己的品德修养，最好也注意一下自己的形象，让人家有良好的第一印象。

伪君子可能比真小人还可怕，我们对此更应该提高警觉。披着羊皮的狼，总是会造成更多的祸害。若对外表忠厚、说话很动听的人掉以轻心，到最后极可能吃最大的亏。

三、朋友是比清风明月更难得的人间至善

《颜渊篇》中有，曾子曰："君子以文会友，以友辅仁"。用现代白话文说就是：君子以礼乐文章来结交朋友，以朋友来辅助自己培养仁德。

君子结交朋友，是为了共同弘扬理想。小人不一样，小人结交朋友是为了吃喝玩乐。我们常说的酒肉朋友，便是小人聚集在一起吃喝玩乐的朋友，他们很少从事正当的活动，对进德修业，丝毫没有帮助。

《颜渊篇》记述，司马牛忧曰："人皆有兄弟，我独亡。"子夏曰："商闻之矣：'死生有命，富贵在天。'君子敬而无失，与人恭而有礼。四海之内，皆兄弟也。君子何患乎无兄弟也？"

兄弟和朋友的不同，在于有无血缘关系。实际上有的朋友，除了亲情以外，在许多方面都和兄弟没有区别。反而有的兄弟，除了亲情之外，在很多方面都不如朋友。

一个人最重要的，是自我修养，提高自己的品德。如果自己的朋友都志同道合，这时候朋友和兄弟同样亲密，大家彼此互助，当然就不必忧虑没有兄弟了。

我们都说死生有命，如果是真的有命，那么命在哪里？老天爷不可能管到我们几千万人、几亿人的命，或许我们的命就在我们自己心里。我们有心修养品德，我们有心维护健康，我们便会安排比较理想的生活模式。生命的大事由生活的小事累积而来，我们过着什么样的生活，也就决定了我们有什么样的生命。

传统观念主张"好死不如歹活"，现代人则重视生命的尊严，宁愿活得好，不一定要活得很长。活得好与活得长，其实自己都是可以掌控七八成的，其余的二三成，可能是天灾、人祸等难预见与不可逆的意外。特别喜欢攀登崇山峻岭、以赛车为职业的人意外身亡，多半可以归属于意"内"，根本是他自己选择的"命"。

> 生命的大事由生活的小事累积而来，我们过着什么样的生活，也就决定了我们有什么样的生命。

《尧曰篇》中记载，子曰："不知命，无以为君子也；不知礼，无以立也；不知言，无以知人也。"用现代白话文来说就是：不知道自己的命运和使命，便不能成为一个君子；不知礼，便无法立足于社会；不知辨识他人语言的是非，便无法辨别他人的好坏。

"命"包括命运和使命，知命便是知道自己的命运，并且抉择自己所要达成的使命。生老病死是人生必经的途径，我们若要知命，就要认识到既然生而为人，就应该发扬仁、义、礼、智的精神，不论自己能活多久，都要尽力提升自己的品德修养，并接受生死有命的安排，用心求得好死！在接受命运的同时，抉择自己此生所要完成的使命，竭尽所能，做到什么地步就完成到什么程度，但求死而无憾，毫无愧怍。既然安于天命，我们就要知礼、学礼，以便能合理地安身立命。

除此之外，我们还要知言、知人，以结合志同道合的朋友，相互切磋，共同努力，一起修己安人。

第五讲

行己也恭，事上也敬

——世界充满分歧，所以要学会尊重别人

《公冶长篇》中记载，孔子称赞子产有四种"君子之道"，即"其行己也恭，其事上也敬，其养民也惠，其使民也义"。孔子勉励弟子以子产为榜样，期望从政的人，都能够与子产一样实践君子之道，把君子的作风，体现在为人民服务的实践过程中。

一、但行好事，心中坦然

孔子称赞子产待人的态度很谦逊，侍奉君上很诚敬，抚养民众有恩惠，使用民力很得宜，希望从政的人，能以子产为榜样，实行仁道。《颜渊篇》记载，孔子说，**"君子之德风，小人之德草。草，上之风，必偃"**。这意在说明在位领导者的德行就像风，老百姓的德行就像草，风在草上吹，草必定是随着风向倒的。

子产是郑国的大夫，博学多闻，长于政治。郑国在晋楚两国争霸期间，"两大之间难为小"，幸有丞相子产既改革内政，又慎修外交，捍卫了郑国利益，也同时使郑国得到晋楚两国的尊重。郑国百姓爱戴子产，后世对他的评价也很高，将他视为有史以来宰相的典范，清朝王源①更推崇他为春秋第一人。

这里的"君子"专指在上位的领导者，小人专指一般百姓。往昔民智未开，一般百姓大多为顺民。风吹草就动，在上位的领导者有什么样的作为，下面的人就会自动仿效。领导者倡导善行，老百姓就会做出善行，效果十分明显。

---

① 王源，清初思想家，"颜李学派"学者。

其实，在现代社会管理中，想要长治久安，也必须要重视德治。德治的重点，在于事先防患。德治的功能，在潜移默化之中，不容易看出来。但若着眼于长远，德治对社会的和谐、稳定十分重要。

《卫灵公篇》中记载，子曰："由，知德者鲜矣！"孔子有感而发，告诉身边的子路，仲由啊！能晓得道德的人，太少了！孔子在这里称"知德者"，指懂得道德修养的人，也就是君子。

《论语》中道、德二字都分开使用，并未合在一起。然而，"德"与"得"的关系可以这样解释，修养自己的人品而有所得，专指人的行为。懂得而且做得到，知行合一，当然是君子。

《宪问篇》中记载，子曰："骥不称其力，称其德也。"骥就是日行千里也不疲乏的良驹，也称千里马。古时常引申为杰出的人才。千里马的主要条件有二：一是驯良和善；一是体力、耐力特别好。

能够被赏识的杰出人才，一定先有为人称赞的好品德。德本才末，一直都是各团队共同认定的用人条件。要获得大家的赏识，必须先修养自己的品德。否则才能愈高，大家愈害怕。

《公冶长篇》记述，子谓子贱："君子哉若人。鲁无君子者，斯焉取斯？"

子贱是孔门七十二贤之一的宓不齐。他担任单父县地方官时很少外出，还经常悠闲地弹琴自娱，却把单父县治理得很好。后来，子贱离开单父县，接替他的是孔子另一弟子巫马期。巫马期在孔门七十二贤中以勤奋著称，他在任职期间，每天凌晨星星还没落就出门做事，晚上直到满天星星才回家，早出晚归，事必躬亲，把单父县也治理得很好。

巫马期向子贱请教怎样才能不费力气治理好单父县，子贱说，我的做法是任用人才，你的做法是靠自己的力量。我广任人才，有很多人分担工作，我自然可以悠闲弹琴；你完全承担起所有工作，当然十分辛劳。

孔子的这番话，一方面称赞子贱；另一方面也告诉学生，环境很有影响力。鲁国有许多君子，子贱身处于这样的环境之中，能够亲近"仁"人君子，把他们作为学习的榜样，所以自己也能成为君子。其实，孔子自身就是虚怀若谷的谦谦君子，又是子贱的老师，子贱根本不需要舍近求远去效法其他君子，他认真跟老师孔子就够了。可见，跟对好老师，真的很重要！

《宪问篇》中记载，南容请问孔子，羿善于射箭，奡①能用手推舟前进，但他们好像都不得好死。可是夏禹、后稷亲自下田耕种，反而得到了天下。孔子没有回答他。南容出去后，孔子称赞他，真是个君子。

同样是弟子，有的问题孔子给予回答，有的却沉默不答。因为有的问题不能不答，有的问题却不必回答。南容这个问题，严格说来不是个问题，它不是疑问句，而是叙述句，是南容向老师报告自己的一个学习心得，而弦外之音，则显然把孔子比喻为后稷。孔子听了心里有数，为了谦虚，所以没有回答。南容应该是体悟到有好德行胜过有大本领，用这几位历史人物来比喻老师仁德高于当时许多其他人。孔子虽不便回答，但心里很欢喜，就欣然赞美南容是个尊崇道德的君子。

南容是个秉性敦厚的弟子，他读史书知道羿、奡都"恃强力以灭人之国"，后来两人都不得善终。夏禹治水、后稷教众人耕稼，都有大功德于天下之民，所以禹受舜禅让成了天子；后稷的后裔，至周武王也得有天下，建立了有八百六十六年历史的周朝。可见"恃力者亡，修德者昌"就是南容的心得，

---

① 奡，传说夏代寒浞（音zhuó）的儿子，相传是个大力士。

也引发了他对老师的恭维。

要成为一个君子并不难，但终究是有一些特质要求的。《季氏篇》中记载，"君子有三戒：少之时，血气未定，戒之在色；及其壮也，血气方刚，戒之在斗；及其老也，血气既衰，戒之在得。"译为白话文就是：君子有三件应该警惕戒慎的事。少年时，血气未定，应该警戒不要把精力放纵在女色上；壮年时，血气旺盛，应该警戒不要动怒斗殴；老年时，血气已衰退，应该警戒不要贪得无厌。

人生要不断成长，也会持续发生变化。在每一阶段，人都有不一样的冲动。如果不能合理加以调节，便会招惹烦恼和苦难。君子特别重视自己的品德修养，随时都能以理智约束自己的言行。因为君子能认识到，一时的冲动、放纵，不仅会惹麻烦，还会出现"后遗症"的困扰。

孔子接着提出了，"君子有三畏：畏天命，畏大人，畏圣人之言"。《中庸》第二十章有这么一句话，"思知人，不可以不知天"。意思是想知道人，就不能不知道天。

我们必须要研究天道，探索宇宙自然的道理，并将其应用在人生的各方面。"命"这个字，由口和令组合而成，也就是命令的意思。自己有能力办得到的事情，自己可以命令自己。自己的能力达不到的地方，比如死亡，最好听从上天的命令。天的命令即天命，孔子自述学习到五十岁，才知天命。我们说证知，是因为孔子并不把天命当作知识来研究，而是在做人做事的过程中所感悟到的。

君子了解天命，知道贤明之人都是人格伟大的君子，明白圣人的话十分可贵，最好将其奉为人生的座右铭，所以将天命、贤明之人与圣人列为君子敬畏的三种主要对象。小人刚好相反，小人不了解看不见的天命，不知道贤明之人的可贵，也不明白圣人所说的言论的重要性。因此不敬畏天命，轻视贤明之人的品德典范，也不敬重圣人的言论。

《论语》记述了至圣先师孔子的言论，就是圣人之言。要成为君子，必须敬畏圣人之言，必须读《论语》。读《论语》明白圣人之言，还要牢记于心，并切实遵行，这样才算真诚敬畏。当然，不是说不读《论语》就成不了君子，但至少是绕了远路，还不一定能抵达目的地。

> 读《论语》明白圣人之言，还要牢记于心，并切实遵行，这样才算真诚敬畏。

孔子一直到五十岁才"知天命"，可见要了解天命，很不容易。我们在尚未了解之前，最好不要任意加以否定，就算是一种不同的体验，也应该用心来体会。重视宗教信仰的人，把一切问题的责任，都交给神。敬畏神，对神产生信心，是神本位的态度。我们是人为本位的人本位的态度，讲求自己的责任，要由自己来承担。我们敬天，敬畏天命，实际上是把天道和天命落实在人的道德修养上，我们应该重视自己的道德修养，否则天命随时可能远离我们。

敬畏天命、敬畏贤明、敬畏圣人之言，再将责任由自己负。我们不把责任推给神，更不能逃避责任，这才是人性最高的尊严，也是中华人文精神的动力。

孔子主张学、思并重，《为政篇》记载，**子曰：**"**学而不思则罔，思而不学则殆**"。译为白话文就是：只知道学习，不加以思索，将迷惘无所得；只靠思索而不学习，将危而不安。孔子认为只学不思，完全接受而不能加以判断，丧失自主性，不可能有什么

> 我们不把责任推给神，更不能逃避责任，这才是人性最高的尊严，也是中华人文精神的动力。

成就。因此倡导学与思兼顾并重，一方面接受他人意见，一方面还需要自己思索、判断，求出合理的答案。我们要运用自己的智慧，用心思索，才能有深层

的体会和新的发现。

在《季氏篇》中，孔子便提醒弟子，"**君子有九思：视思明，听思聪，色思温，貌思恭，言思忠，事思敬，疑思问，忿思难，见得思义。**"译为白话文就是：君子有九种要用心思虑的事情：看的时候要想想，看清楚了没有；听的时候要想想，听明白了没有；待人的脸色，要想想是否温和；对人的态度，要想想是否恭敬；说话时，要想想是否忠诚；做事时，要想想是否认真；有了疑问，要想想怎样向人请教；遇事发怒时，要想想后果；有利可得时，要想想是否正当。

孔子一向比较重视人的内心，不是很重视人的外表。因此对"敬"的要求，相当严格。"敬"要从自己做起，称为敬己，也就是自爱、自律。这里所说的"九思"便是从这九方面来以"敬"修己。

我们的眼睛可以看，却经常看错了。耳朵可以听，又往往听不对了。原因可能是生理的、心理的，也可能是物理的。我们如果更谨慎、更用心，便可以排除这些可能的妨碍因素。

成为君子，身为君子，本就应该时时用心、事事谨慎，以敬修己，以礼待人。我们对孔子所提的九思，不但要用心想到，还要用心做到！这九思里，孔子要弟子说话要想到忠实。忠实指真心话，指肺腑之言，与巧言可谓极端不同。

二、饭可以乱吃，话不能乱讲

子路经常乱说话，孔子总是苦口婆心的教导他。《子路篇》记述，子路曰："卫君待子而为政，子将奚先？"子曰："必也正名乎！"子路曰："有是哉，子之迂也！奚其正？"子曰："野哉，由也！君子于其所不知，盖阙如也。名不正则言不顺，言不顺则事不成，事不成则礼乐不兴，礼乐不兴则刑罚不中，刑罚不中，则民无所措手足。故君子名之必可言也，言之必可行也。君子于其言，无所苟而已矣。"

译为白话文就是：子路说："卫国国君要您去治理国家，您打算先从哪些事情做起呢？"孔子说："首先必须先正名分。"子路说："有这样做的吗？您真是太迂腐了。这名怎么正呢？"孔子说："真粗野啊，仲由！君子对于他所不知道的事，最好先搁置不说。要知道名分不正，说话就不能合理；说话不合理，做事便不能成功；做事不成功，礼乐就不能推行；礼乐不能推行，刑罚就不得当；刑罚不得当，老百姓就不知道怎么做才好。所以君子先定名分，之后话才可以说得出口，话说得出口，事情才办得通。君子对于自己所说的话，是从不会马虎对待的。"

《颜渊篇》中记载，子曰："君君、臣臣、父父、子子。"便是"正名"的要求。把名分定好，才有是非善恶的判断标准。孔子主张以"正名"为优先的工作，主要在要求大家名实相符，相当于各就定位，各尽其责，以期分工合作。

子路听不懂孔子的话，可以提出问题，继续请教。不应该当面批评老师迂腐、不切实际，导致孔子当面给他难堪，指责他鄙俗粗野。可见，子路果然是自作自受。对于喜欢乱说话的子路，孔子以不随便开口说话来加以警惕，实在是煞费苦心。

老师当然可以指责学生的不是，但《论语》里孔子指责弟子的记录并不多，大家最熟悉的应该就是《公冶长篇》中记载的孔子指责大白天睡觉的宰我[1]了——"朽木不可雕也；粪土之墙，不可杇也"。

《八佾篇》中有"哀公问社于宰我"的记载，宰我回答说：制作土神主

---

[1] 宰我，名予，字子我，鲁人。在孔门十哲中，与子贡同列"言语"之科。

牌，夏代用松木、殷代用柏木、周代用栗木，意思是要人民产生战栗的感觉。孔子听到后，责备宰我说"**成事不说，遂事不谏，既往不咎**"。这三句译为白话文就是：已经做了的事，不用再解释；已经完成的事，不能再挽救；已经过去的事，不便再追究。

这是哀公跟宰我的一个问答，孔子有一个评论。孔子责备宰我失言，是因为宰我回应鲁哀公并非是立土神主牌的本意——立社的本意是为祭祀土神以保佑这方土地，平安不要有战乱。宰我的回应不过是鼓动哀公的杀伐之心。

事实上，哀公原本就有声讨三家大夫的心意，只是难以明白说出来，便想到当时行刑杀犯人都是在土神主牌前，所以假借"制作土神牌"提出这个问题，想得知宰我的看法。孔子当时心知肚明，只是认为时机尚未成熟，哀公又非大有为之君，恐难成事。他表面上责备宰我，内心应该还是认可宰我敢作敢为的胆识与性格。

《阳货篇》记载了一段宰我想冲破礼法而让孔子痛心的事。**宰我问："三年之丧，期已久矣。君子三年不为礼，礼必坏；三年不为乐，乐必崩。旧谷既没，新谷既升，钻燧改火，期可已矣。"**宰我认为，父母去世，守丧三年为期太久了。三年不习礼仪，礼仪一定会荒废；三年不奏音乐，技艺一定会忘掉。去年的谷米吃光了，今年的稻谷已经成熟，钻燧取火的木头轮过了一遍，为父母守丧一年就够了！

孔子问宰我："**食夫稻，衣夫锦，于汝安乎？**"宰我竟直接回答："**安。**"孔子无可奈何地答道："**女安，则为之。夫君子之居丧，食旨不甘，闻乐不乐，居处不安，故不为也，今女安，则为之！**"

宰我的任性，有一意孤行的放纵，让孔子不得不严厉批评。所以，孔子说："**予之不仁也！子生三年，然后免于父母之怀，夫三年之丧，天下之通丧也。予也有三年之爱于其父母乎？**"

孔子说，觉得心安，就可以去做。孔子的话丝毫没有开玩笑的意思。他那痛心的语气，就不知道宰我听出来了没有。事实上，孔子对于人性的证悟，十分深刻。

对于是否为父母守孝，孔子分别从生理、心理和伦理三方面说明，并且加以贯通。子女出生三年，才能完全脱离父母的怀抱，为父母守丧三年，这是生理方面的推算。君子守丧期间，吃美味的食物并不觉得可口；听好听的音乐并不觉得快乐；住在舒服家里头也不觉得舒适。这与父母涵养子女，前三年在心理上的反应，十分相近。一切都以子女为先、为重，父母的牺牲实在很大。而在伦理方面，对父母的孝心，最可贵的在于自觉、自主。孔子用"**安乎**"来指点宰我，宰我竟直接回答"**安**"，似乎已经麻木不仁，无可救药了。

> 人的内心安或不安，不完全决定于生理和心理方面的因素。伦理的要求，也是重要的考虑因素。宰我似乎是孔子最失望的弟子，我们只能拿孔子这一番话来自我警惕，不能说只要自己觉得心安，便强词夺理，不遵守社会规范。

> 人的内心安或不安，不完全决定于生理和心理方面的因素。伦理的要求，也是重要的考虑因素。

在现代社会中，由于种种条件的限制，我们已经不可能守丧三年了，但是要在精神上发扬父母的志向，如《学天篇》中记载，**子曰："父在观其志，父没观其行。三年无改于父之道，可谓孝矣。"**这应该就是尽孝了。

《雍也篇》记述，宰我问道，一个有仁德的人，如果别人告诉他井里掉下一位"仁"人，他是不是会跟着跳下去呢？孔子回答说："**何为其然也？君子可逝也，不可陷也。可欺也，不可罔也。**"孔子的话译为白话文就是：为什么要这样做呢？君子可能受骗到井边去救人，但不可以让自己也掉进去！他可能一时受骗，但不会被不合理的事情所蒙蔽。

君子为人正直，很容易相信别人。有些人就利用这种特性，来欺骗君子。但君子应该相当明理，不可以被不合

> 君子应该相当明理，不可以被不合理的事情蒙蔽。

理的事情蒙蔽。听到有人掉到井里，跑过去看看，是合理的行为。但不确定是否真有人掉落井里，也不管自己有没有能力救援，便跳入井中救人，当然不合情理，君子不可能这样做。

由于秉性正直而受骗上当，可说是"君子可欺以其方"的正常现象。但是被骗很久却仍然不能自己觉悟，那就已经成为傻子，不值得称赞了。事实上，能被不合理的谎言所蒙蔽，大概都是不明事理所造成，不能用正直来推卸责任，否则亲者痛仇者快，这并不是君子应有的态度。小人不择手段，利用君子的正直，来加以欺骗。君子必须合理地因应，务求不为小人所害，这才是明智的表现。

在现代社会中，一二十个小人组成的电信诈骗集团，利用高科技行骗，欺骗各行各业的人，无论你是科学家，还是普通劳动者，都有可能会遭遇电信诈骗。这些诈骗集团雇佣无知青年，拿着伪造的提款卡领取数十万、上百万现金，真是令人咋舌。这提醒我们，君子除了依然保持正直之外，还必须合理地因应不择手段的小人。

君子们最好能够遇事冷静，依据常识与知识作理智判断，这样才不至于受骗。冷静与理智必须在平日认真培育，也可以说，想成为不惑、不忧、不惧的君子，这是必经的训练。

《宪问篇》中记载，**子曰："不逆诈，不亿不信，抑亦先觉者，是贤乎！"**"逆诈"是指事先就预想别人要诈骗自己。"亿不信"指事先猜想别人会失信。孔子认为贤者应该不至于有这种预设的立场，但是真遇上了，也要能及时发觉，这样就不会严重受害。

一般人都说"害人之心不可有，防人之心不可无"，孔子则以为贤者不必如此。因为一旦有了防人之心，就不能以平常心来看待他人。简直就像戴了有色眼镜看人，认为每一个人看来都不可靠。自己先存有偏见，明明没有什么不对的地方，也可能疑神疑鬼，这岂不是反而骗到了自己？

上一次当，就要学一次乖。提高自己的警觉性，耳要聪、目要明，但不需要一天到晚怀疑别人，弄得自己心神不宁，到头来也做不了大事。

三、讲话恰到好处是一种高级修养

《季氏篇》中记述了孔子提醒学生要尽量避免侍奉君子时容易犯的三种过失，即"言未及之而言，谓之躁；言及之而不言，谓之隐；未见颜色而言，谓之瞽"。

正常的人都会说话，但是说得恰到好处，没有过失的，实在少之又少，极为难得。讲话之前，要看时机对不对。应该开口的时候，才可以说话，否则便是急躁，没有礼貌。应该开口的时候，如果不说话，那一定是有所隐瞒，容易让人怀疑有什么不良企图。说话时眼睛不看听者的面部表情，不能从中看出对方心里的反应，简直和瞎子一样。

我们说话之前，要先动脑子想一想，时机对不对。还要观察一下对方的脸色，再确定该不该开口，要怎么说，说到什么程度。这时候再开口，应该会比较妥当。

实际上，说话的第一条件，是对方愿意听，而且听得进去。否则说了也等于白讲，如果因此而惹火了对方，得罪了在场或不在场的人，那就更加麻烦了。

《宪问篇》中记述，孔子请教公明贾①关于公叔文子②的为人，以及公明贾的回答。**子问公叔文子于**

实际上，说话的第一条件，是对方愿意听，而且听得进去。

---

① 公明贾，公叔文子的使臣。

② 公叔文子，卫国大夫，名拔，卫献公之孙。

公明贾曰："信乎夫子不言不笑不取乎。"公明贾对曰："以告者过也，夫子时然后言，人不厌其言。乐然后笑，人不厌其笑。义然后取，人不厌其取。"子曰："其然。岂其然乎！

孔子显然不太相信公叔文子真的"该说话的时候才说话，所以人家不会讨厌他说话；该快乐的时候才笑，所以人家不讨厌他的笑；该取的时候才取，所以人家不讨厌他的收取"。

同样是不相信，也可分成正反两面。正面的意思是，虽然不相信，却宁愿它是真的。反面的用意，则是根本不相信。就算是真的，也不相信。因为被说的人，身份、社会关系比较敏感，大家就会加以怀疑。公叔文子是卫献公之孙，大家传说他不言、不笑、不取，会让人觉得是对贵族的巴结、讨好。可见，要想说话起到效果，同样需要因人、因时、因地而制宜，这样大家才会相信。

『吉人之辞寡，躁人之辞多』，我们都应该牢记于心，时刻提醒自己。

说话真的是一门大学问，《易经·系辞下传》有这样两句话"吉人之辞寡，躁人之辞多"，我们都应该牢记于心，时刻提醒自己。

在《阳货篇》中，子贡请问孔子，君子也有厌恶的人吗？孔子说，"有恶，恶称人之恶者，恶居下流而讪上者，恶勇而无礼者，恶果敢而窒者"。接着，孔子又反问，赐啊，你也有厌恶的人吗？子贡说，"恶徼以为知者，恶不孙以为勇者，恶讦以为直者"。

子贡天资敏达，是个极有才干的人。他有匡世济民的抱负，也善为说辞，与宰我同列十哲"言语"之科。除此之外，子贡是个外交长才，也善于做生意。

孔子明白地说出自己厌恶四种人：专门说人家坏话的人，心术不正；专门诽谤长上的人，品格低劣；勇敢却不知礼节的人，有勇无谋；敢作敢为却不通事理的人，常惹事端。子贡也厌恶三种人：自以为聪明，却专门抄取别人智慧；自以为很勇敢，却不知谦让；自居正义使者，却经常揭发人的隐私。这七种人的言行败坏道德令人厌恶，还会影响社会风气，使得大家都深受其害。

下属与上司看法不同，绝不能在背后诽谤上司。下属可以当面建议，至于上司是否接受，那就不是下属所能强求的。

《子张篇》中记述，陈子禽①为了讨好子贡，竟然不惜贬低孔子。他说，您是特别对老师谦恭有礼吧！孔子难道真的能胜过您吗？子贡立刻回答："君子一言以为知，一言以为不知，言不可不慎也。夫子之不可及也，犹天之不可阶而升也。夫子之得邦家者，所谓立之斯立，道之斯行，绥之斯来，动之斯和。其生也荣，其死也哀，如之何其可及也？"

子贡的修养很好，对孔子也非常尊敬。他严肃地说，听人说一句话，便可以判断说话的人究竟聪明不聪明，所以说话不能不谨慎啊！我赶不上老师的成就，就像我没有办法沿着阶梯爬上天一样。如果老师得到一个封国而为诸侯或者得到一个采邑成为卿大夫，那么，他就能采取措施让百姓在社会上立足；他引导百姓，百姓就会前行；他安抚百姓，百姓就会前来投靠；他动员百姓，百姓就会同心协力。老师活着的时候，大家都因为与老师生活在同一个年代而感到荣幸。老师去世了，人们又因为失去了一位导师而感到悲痛万分。老师取得了这样大的成就，我是不能望其项背的。

可以说，孔子的伟大是学生们宣扬出来的。然而若是名不副实，他老早就消失在历史的长河之中了。其实，他真正的实力，在于多次受攻击，却能够愈挫愈勇——这的确经得起世世代代的考验。我们通过研读《论语》来了解孔子

---

① 陈子禽，陈亢，陈人，字子亢，一字子禽，一般认为陈子禽是孔子的弟子。

的学说，我们传承中华道统文化，这让我们可以活得有意义、有尊严，也有价值。

我们去除物欲，发挥善良的本性，依循天理做人处世，这样才能追求天人合一的最高境界。

《述天篇》中记载，子曰："述天不作，信天好古。窃比于我老彭。"孔子很谦虚地说，自己只是传述天理而并不创作，只是笃信天理而传承古代的文化制度。上天造人，赋予人的本性当然是符合天理的。天理就是大自然界的规律，也就是道。我们讲"道法自然"，用现代的话说，道就是自然。我们去除物欲，发挥善良的本性，依循天理做人处世，这样才能追求天人合一的最高境界。

在《学天篇》中，陈子禽就问过子贡，老师每到一个国家，都会了解这个国家的政事，到底是自己去求得的呢，还是人家告诉他的呢？子贡毫不犹豫地回答："夫子温、良、恭、俭、让以得之。夫子之求之也，其诸异乎人之求之与？"

子贡能毫不犹豫地称赞孔子具有的温厚、善良、恭敬、俭约和谦让的美德，说明他认定老师具有这五种美德，也很敬佩这五种美德。他认为，正是因为老师具有这五种美德才能获得大家的信任和赞赏，所以大家纷纷向老师请益。所以说，老师对这些国家的政事能有所了解，跟别人是不相同的。

求人与不求人，都应该以"合理"为原则。合理地求人，并不难为情。不合理的不求人，实际上是不负责任。孔子不求人，也不标榜不求人，这才是合理的态度。孔子以温、良、恭、俭、让的良好修养，赢得了大家的敬仰。大家主动来向孔子请教，他如果不予理会，反而不好。可见，真想成为现代的君子，就应该加紧学习这五种美德。

《先进篇》中记述，子曰："赐不受命而货殖焉，亿则屡中。"译为白话文就是：子贡不做官而做生意，经常能够猜中物价行情。孔子教学，有教无类，以弘道为主。弟子有意经商或从事其他行业，孔子并不加以鼓励，但也并不排斥。至于孔子有没有轻视商人，我们推想应该不会，他只是不加以鼓励而已。

第六讲

故旧不遗，则民不偷

——优良的示范是最好的说服

孔子口中的君子，几乎都是指有仁心、讲义理、品德高尚的人。只有少数机会出现的君子是指在上位的领导者，如"君子笃于亲，则民兴于仁"，这里的君子就是指上位的人，而前面讲过的"君子之德风"之中的君子亦是。在上位者，厚待以前的亲人，以前的朋友，不去遗弃他们，那老百姓也不会去做这种薄德的事情。可见，上位者的示范力量非常重要，领导者应该提高自我修养，以正面影响他人。

一、榜样比教训更有力量

《泰伯篇》中记载，子曰："恭而无礼则劳，慎而无礼则葸，勇而无礼则乱，直而无礼则绞。君子笃于亲，则民兴于仁。故旧不遗，则民不偷。"孔子告诉学生要重视行为规范的合理性，因为恭敬而不合礼，就会烦扰徒劳；谨慎而不合礼，就会畏怯多惧；勇敢却不合礼，便会犯上作乱；率直而不合礼，很可能急切责人。然后，孔子又教导学生说，在上位的领导若能厚待亲属，民间也会兴起仁爱的风气。在上位的领导不遗弃故交旧友，民风就会敦厚而不至于人情淡薄了。

人生最重要的是生活，生活最重要的是人情，人情最需要的是合理。合理的人情，若成为大家的行为规矩，就被叫作礼。礼的后面，要加一个节字，才能合理。

> 人生最重要的是生活，生活最重要的是人情，人情最需要的是合理。

恭敬、谨慎、勇敢、率直，原本都是良好的态度，但是也不能过度，必须做出合理的节制。过度恭敬，要求琐碎的繁文缛节，大家肯定累得半死。过度谨慎，太讲究细节，会流于胆怯。过度勇敢，稍露蛮横，就变得很粗野。过度率直，讲出口的话一定都不中听。

要在全社会推广合理的礼节，居上位的人必须以身作则。百姓受到陶冶，自然重视人情，不敢刻薄、忘本。现代企业规模庞大，员工动辄成千上万，为了永续经营，企业管理者应该积极讲求企业文化的建设与推动。《论语》里有太多"子曰"的话，这都是中国式管理可行的准则。在上位的领导者如果能读透《论语》并以身作则，一定可以带领企业团队走向巅峰。

《泰伯篇》记述了鲁国大夫孟敬子听说曾子病了，专程探望的事情。**曾子曰："鸟之将死，其鸣也哀；人之将死，其言也善。君子所贵乎道者三：动容貌，斯远暴慢矣；正颜色，斯近信矣；出辞气，斯远鄙倍矣。笾豆之事，则有司存。"**译为白话文就是：鸟将死的时候，叫声很悲哀；人将死的时候，所说的话都是善良的。在上位的人应当重视三个方面的修养。一是容貌、举止要依礼而行，这样就可避免别人的粗暴、放肆。二是脸色要端庄，这样就容易让人信任。三是说话用词、语气要得体，这样就可避免别人鄙陋、不合理的言语。至于礼仪、器用等琐碎的事，有专职的人在管，不必多操心。

孟敬子来探病，曾子不提自己的病况，却以"人之将死，其言也善"，引出用心良苦的忠告。曾子把握难得的机会向孟敬子提出"为政之本在于修身"的三项道理，同时也向天下有志为政的君子传播他的心得。流传到现代，仍然是人际关系的互动要诀，不能够不重视。

西方社会，基本以个人主义为主。日本社会，普遍重视集体主义。中国社会，显然两者都不是。我们在某些时候，十分偏向个人主义；在某些时候，又特别注重集体主义。因此，我们应该是交互主义。我们的交互主义是变通的，就是你对我好，我没理由对你不好；你对我不好，我又何必一定要对你好。

交互主义讲求"希望别人如何对待我们，就要先以同样的方式对待别人"。我们都知道"己所不欲，勿施于人"是儒家的道德信条，不想要别人怎样对待自己，就不要以同样的方式对待别人。如果有些人想要我们不想要的对待方式，但我们没有那样对待他，我们只是没让他欢喜，至少也没伤害他。很多时候，我们常被自己的思维所局限，向右、向左或前进、后退，有些不知所措。我们最好以《易经》中指出的"穷则变，变则通，通则久"来应对。

《宪问篇》记载，**曾子曰："君子思不出其位。"**用现代白话文说就是：君子所思虑的，不应该超越自己所处的地位。曾子的这句话，显然与《泰伯篇》中的**"不在其位，不谋其政"**有异曲同工之妙。可见，曾子一直都很认真地向老师学习。

孔子认为，一个人不在那个职位上，就不应该掺和那个职位上的事务。有些人却认为这样过分消极。如果大家都不关注他人，岂不是太自私了？事实上，大家都不管，担任那个职位的人，也就是应该管的人，这时就不得不管了。这总比大家都管，而那个应该管的人，反而乐得清闲，占尽便宜要好。

做人做事，正名和定位，十分重要。每一个人都应有自己的名分，把分内的工作做好，便是正名。每一个人都应先把自己的位置搞清楚，大家可以互相支援，彼此协调，却不应该逾越职权，干预或侵犯他人的工作。

> 做人做事，正名和定位，十分重要。

我们应该关心他人，并且乐于助人。善意地对正在进行的事务提供几个好意见让同事多一种参考，这当然是好事。如果掌握好立场，拿捏好分寸，没干预或侵犯的成分在，应该是大家乐于接受的。

团队讲求分工合作，既然分工，就不应该侵犯他人的职权。每个人要先把自己分内的工作做好，再去帮助他人，这才是一件好事。如果自己的工作都没做好，老喜欢管别人的事，便是多管闲事，令人厌恶，也使人怀疑有什么不良企图。各人尽责，努力配合，才是合理的工作态度，也能促成团队绩效的提升。

《易经》艮卦象辞中有与曾子说的意思同样的一句话，即"艮，止也"，表示君子应由"艮"字的本义"止",体会思虑的"止",而不可妄想。我们应该看清楚四周的环境,确认自己在此"时"、此地的定"位",以便自我调整,扮演好应有的角色。

《阳货篇》记述,孔子到武城去,当时子游正为武城宰。孔子在城中听到了弹琴唱歌的声音,便微笑着说,"割鸡焉用牛刀"。子游回答,从前听老师说过"君子学道则爱人,小人学道则易使也"。孔子说,"偃之言是也,前言戏之耳"。

子游的话,用现代白话文来说就是,"以前我听老师讲过,在位的人学了道,就能爱民,民众学了道,就容易使令。"所以,子游虽在小邑武城任宰,也行礼乐之教。

孔子可以通过戏言,在轻松的气氛中教导弟子,使大家愉快地学习,这是一种良好的教学方式。子游接受孔子的教导,以乐教来治理百姓。孔子一方面觉得十分欣慰,一方面则为子游的大材小用,深感惋惜。所以用"割鸡焉用牛刀"来劝勉子游。子游如果听得懂孔子的真意,只是谦虚请老师多指导,孔子就用不着说"前言戏之耳"来自我解嘲。

《子张篇》记载,子贡曰:"纣之不善,不如是之甚也。是以君子恶居下流,天下之恶皆归焉。"译为白话文就是:殷商纣王的不好,并不像传说的那么厉害。所以君子不可以居于下流,一旦居于下流,天下的坏事都会集中到他身上。

在我们朴素的良心中,善良的人具有至高无上的价值,胜过其他一切的东西。

子贡并非替纣王申冤,要作翻案文章,他是劝导我们不要自甘下流,以免被列入到坏人的黑名单当中。一旦被列入黑名单,以后天下做坏事的都会集中到我们身上,那岂不是百口莫辩,非常倒霉?

我们判断一个人的好坏,是以自己的良知加上社会的公正标准。在我们朴素的良心中,善良的人具有至高无上的价值,胜过其他一切的东西。一个人的经济状况、社会地位、教育水平等，远不如他的道德修养来得重要。

我们不可以随便论断别人。因为论断别人会经常招惹是非，这不仅败坏了别人，也害了自己。一个人一旦陷入评断别人的漩涡中，就很不容易跳出来，迟早会遭灭顶之灾。

《阳货篇》记述，子路请问老师，君子崇尚勇敢吗？孔子回答他，"**君子义以为上；君子有勇而无义为乱，小人有勇而无义为盗**"。孔子直接说出他的见解：君子认为道义最为崇高。居上位的人，如果只知道勇敢而不严守道义，就会作乱。一般百姓，若是只知道勇敢而不重视道义，便会沦为盗贼。

我们常说"敢作敢为"，这似乎很有气魄，很令人羡慕。实际上，敢作敢为必须合乎义和礼的要求，才值得鼓励。倘若不合义或不合礼，敢作敢为便成了胡作非为，势必会危害社会，妨碍社会安宁。我们身为一般百姓，千万不要胡作非为，害人又害己。

二、让下属能安心奋斗，才是高水平的管理

《尧曰篇》中记述了子张请教老师，怎么样治理政的事。子张问于孔子曰："何如斯可以从政矣？"子曰："尊五美，屏四恶，斯可以从政矣。"子张曰："何谓五美？"子曰："君子惠而不费，劳而不怨，欲而不贪，泰而不骄，威而不猛。"子张曰："何谓惠而不费？"子曰："因民之所利而利之，斯不亦惠而不费乎？择可劳而劳之，又谁怨？欲仁而得仁，又焉贪？君子无众寡，无小大，无敢慢，斯不亦泰而不骄乎？君子正其衣冠，尊其瞻视，俨然人望而畏之，斯不亦威而不猛乎？"子张曰："何谓四恶？"子曰："不教而杀谓之虐。不戒视成谓之暴。慢令致期谓之贼。犹之与人也，出纳之吝，谓之有司。"

子张问政事问得很深入，孔子也回答得相当具体，即治理政事要尊重五种美德。给人民好处自己却不破费；役使百姓却不招致怨恨；有所欲望却不贪财利；舒泰庄衿却不骄傲；有威仪却不凶猛。孔子还进一步说明，从人民可获得利益的地方，使他们得到利益，不就是给人民好处自己却不破费吗？选择可以役使的时间和对象，去役使人民，又有谁会怨恨呢？自己想求仁德而得到仁德，又怎能说是贪财利呢？君子不管人多或人少，势力大或势力小，都不敢怠慢，不就是舒泰庄衿却不骄傲吗？君子衣冠整齐，仪容庄重，态度严肃，令人见了生敬畏之心，不就是有威仪却不凶猛吗？

至于四种恶政，孔子也明白指出，不教导民众便加以杀戮，叫作虐待；不告诫就斥责其成果未出，叫作残暴；先前下令时宽缓，后来限期急迫，叫作贼害；财物总是要给人的，而付出时吝啬，叫作弄权的官僚。

国家是为人民服务的，因此必须先满足人民的现实需要，然后进一步提升人民的精神生活。为政者要使人民安居乐业，再引导人民进德修业。孔子提出五美、四恶，便是针对这个目标而来。五美为从政者的正面积极心态，四恶则是负面的作为，从事公职的人士应该很容易做出正确的抉择。

公职人员应以正己为表率，事事为人民设想。廉洁自持，奉公守法，必定能让社会大众敬重、称赞。

自古以来，一般百姓的需求和愿望，并没有太大的变化。公职人员应以正己为表率，事事为人民设想。廉洁自持，奉公守法，必定能让社会大众敬重、称赞。这正是儒家"修己安人"的使命啊！

《微子篇》第十章记载，周公谓鲁公①曰："君子不施其亲，不使大臣怨乎不以，故旧无大故，则不

---

① 鲁公，指周公的儿子伯禽，封于鲁。

弃也,无求备于一人。"周公告诫儿子:君主不遗弃亲族;不使大臣怨恨不听信其意见,老臣、老亲友如果没有大恶,不可遗弃。不可对一个人求全责备。

同样的条件,以亲族为优先,这才显得好父兄的可贵。不能用,再亲也没有用,绝对不能用。这是相对的原则,不应该偏向任何一面。"怨乎不以"表示君主过分自专,不尊重臣下的意见,使大臣产生怨恨,造成君臣间的不良互动,迟早会产生政治危机。君主宽宏大量,才能海纳百川,广听各方面的意见,以妥善安顿自己。天下无全才,不能够要求臣子们样样皆能,事事都通。只要没有大恶,就不能加以遗弃。君主必须培养宽大的肚量,这样才能善待亲族与下属。

下属有错,当然应该责备。若是一做错就换人,请问谁还敢多做事?但求不做不错,少做少错,社会当然不能进步。

优秀的管理者虽薄责下属,但并不放弃下属,而是引导下属有错必改,在教训中增加办事的智慧。在这种气氛下,大家才敢做,也敢多做。排斥异己经常会产生不良的后果。善于对待不同意见的人,才是长久之计。领导者的肚量,在这里也充分体现。只有以德服人才能维持长久。

《子张篇》记载,子夏曰:"君子信而后劳其民;未信,则以为厉己也。信而后谏;未信,则以为谤己也。"译为白话文就是:君主得到百姓信任以后,可以役使百姓;未得到信任而役使百姓,百姓就会认为是在虐待他们。下属得到信任以后,才能进谏君主,未得到信任而进谏君主,君主会认为是在诽谤他。

要役使百姓必须先取得大家的信任,百姓信任君主,就认为所分配的工作很有意义,也乐于参与。毕竟百姓如果对君主没有信心,就不会对国家产生忠贞的情操,就会认为分配工作形同虐待。百姓虽然敢怒不敢言,但心中的怨气一爆发,恐怕很难善后。

向君王进谏的臣子，本身就不是上位者，所以一定要在获得信任后，才可以直言。在现代企业管理中，这一条也适用于中坚干部的工作汇报。

中坚干部理当善尽职责，切实反映所辖员工的请求或意见。但在未取得领导的信任之前，如果仗义执言，反而会被视为是带头惹事者。因为对领导阶层劝谏，本来就很困难。受劝谏的领导，很容易恼羞成怒，死不认错，使事情弄得更僵。如果获得了领导的信任，领导就认为中坚干部不是诽谤，只是劝告，那就比较容易接受了。要获得领导的信任，就要在平时做好"功课"。除了取得突出的工作业绩之外，还要多多关注领导生活，切实了解领导的办事风格，让领导感受到你的忠诚与才华。

《论语》里的君子，还有第三种指涉义，即与野人相对应。《先进篇》记载，子曰："先进于礼乐，野人也。后进于礼乐，君子也。如用之，则吾从先进。"译为白话文就是：前辈制作的礼乐，重质朴，就像乡下人；晚辈制作的礼乐，重文饰，就像城市人。如果要由我采用，我还是遵从前辈。

据考证研究孔子口中的野人，指本质纯朴的乡下人；君子则是形式华丽的城市人。城乡的差距，包括了精神层面与物质层面。前辈古人就像纯朴的乡下人，制作的礼乐孔子乐于采用。

礼是生活的规范，通称为礼仪，所有的礼仪都要先诚于内，然后才讲求形于外。

礼是生活的规范，通称为礼仪，所有的礼仪都要先诚于内，然后才讲求形于外。如果只重视形式的华丽，而无实质的意义便是虚有其表。瞒得了一时，骗不了长久。乐为艺术修养，与礼相配合。乐主和、礼主敬，如果"内不和"却只有"外敬"，那就会让你成为令人厌恶的乡愿。只有虚伪的外表，并没有实质的内容。

三、以德服人，受敬一生

《学天篇》中记载，子曰："道千乘之国，敬事而信，节用而爱人，使民以时。"译为白话文就是：领导一个有千辆兵车的大国，处理政事要谨慎专一，才能取信于民；要节省财用，而爱护人民；使用人民的力量，要选在适当的时候。

可见，君主若想治理国家，必须具有良好的修养。因此，有志为国出力的人，最好先把修身做好。只有品德良好的人士，大家才放心把重大责任交付给他。为政者应以百姓的幸福为目标，全心全力为民众服务。为人民做出良好的贡献，必能获得全民的拥戴。

> 为政者应以百姓的幸福为目标，全心全力为民众服务。为人民做出良好的贡献，必能获得全民的拥戴。

《为政篇》中记载，子曰："为政以德，譬如北辰，居其所，而众星共之。"译为白话文就是：凭借道德来治国，就如同北极星一样，居中不动，众星都自然而然地环绕着，归向于它。

为政以德是治国的重要思想，同样可以用来齐家和经营企业。我们常说小胜靠智，大胜靠德，便是为政以德的实际运用效果。

孟子传承孔子的"为政以德"而扩展为"仁政王道"理念，形成了以人为本的核心价值。我们不论自己身居哪一种阶层，都应该真正体会并实践以人为本的理念，来提升人的价值。

鲁哀公颇敬重孔子，《为政篇》中记述，他问孔子，怎样才能使百姓信服？孔子给了一个很好的建议，"举直错诸枉，则民服；举枉错诸直，则民不服"。国君的主要

> 国君的主要任务，在于知人善任。

任务，在于知人善任。把合适的人才，安置在合适的位置，使大家各司其职，而又各尽其责。

一个国家的政治事务，十分繁复，必须设官分职，以求分工合作，把国事治理好。由此可见，任用贤良才，便成为重要的措施。孔子说，要把正直的人举荐出来，让他去领导那些比较不正直的人。也就是孔子在《礼记·礼运大同》所说的"选贤与能"。选取贤者、举用能者，让他们通过领导与服务，改变邪曲不正的人，老百姓自然就信服了。

我们不妨扪心自问：自己是正直的人，还是有一些邪曲？如果不够正直，要想方设法改变自己，使自己日趋正直，更加受人欢迎。这样的话，我们自己的前途，也才会更加光明。

不过，我们必须搞清楚孔子所谓"正直"的标准何在？其实，孔子所谓的"正直"，含有通权达变的必要。

《子路篇》中记述，叶公告诉孔子，叶公乡里有个正直的人，那个正直的人的父亲顺手牵走别人的羊，那个正直的人作证告发父亲。孔子回应叶公，**"吾党之直者异于是，父为子隐，子为父隐，直在其中矣"**。孔子的这种说法，曾经成为批评者们的众矢之的。批评者们认为，孔子的说法重亲情而轻国法，简直是鼓励大家为了私情而违反法律。实际上，孔子只是不赞成"那个正直的人的极端做事"方式，并没有主张"父为子隐、子为父隐"，才算是直躬。能够不隐瞒实情，当然最好。万一发生了什么事情，还是要考虑亲情，做出合乎人情义理的措施，比如，"那个正直的人可以劝说父亲把羊送回去"，而不是不近人情地直接举发。

西方人基本上是法、理、情的思维，这与我们情、理、法的思维大大不同，所以他们抨击孔子而赞同叶公，这也是东西方文化的差异。西方人比较呆板，他们的很多死脑筋的做法，也让我们不敢苟同。《易经》是我们民族的精华文化传承，我们掌握了"穷则变，变则通，通则久"的心法，会把很多事情处理得富有人情味，也能够皆大欢喜。

《为政篇》记述，鲁国大夫季康子请教孔子，要如何才能使百姓既尊敬长上，又能尽忠，并且相互勉励呢？**孔子说，"临之以庄，则敬；孝慈，则忠；举善而教不能，则劝"**。译为白话文就是：在上位的人，以庄重的态度对待百姓，百姓自然诚敬；能孝顺父母，慈爱百姓，百姓自然尽忠；举用善人，教导那些才质较差的人，百姓自然相互勉励。

居下位的人，眼睛会自然向上看。上面的表现，便是他们观摩、学习的对象。孔子极力主张领导者要以身作则。

《子路篇》记述，子路问为政的道理，孔子就告诉他，"先之，劳之"。子路请求老师说得详细些，孔子只说了两个字，"无倦"。"先之，劳之"，意谓领导民众，要凡事自己先去实行，并不畏劳苦。"无倦"意谓始终如一。

要求民众做到的事情，自己要率先执行，并成为民众的先导。上位者要不怕辛劳，积极作为，成为民众的典范。如果能始终如一，便是优秀的政治工作者。子路有意愿从政，所以提出这样的问题。孔子了解他的个性和能力，因材施教来回答他。

> 要求民众做到的事情，自己要率先执行，并成为民众的先导。上位者要不怕辛劳，积极作为，成为民众的典范。

政治的内涵，极为丰富。孔子不可能，也没必要一次说完，而且他还要针对不同的提问人，说出某些具有针对性的内容。

《雍也篇》中记述，季康子试探子路、子贡、冉求**"可使从政也与"**，孔子先夸了三位弟子，**"由也果""赐也达""求也艺"**，然后很肯定地说，没问题。

通才很难得，全才更是几乎不可能存在。子路善于决断，子贡通达事理，冉求多才多艺，他们都能管理政事。季康子是鲁国权臣季桓子的儿子，孔子回答他的问题，主要是在提醒他不能够求全。领导者必须知人善任，明白下属的长处，指派给下属合适的职务。领导者若能做到这样的地步，子路、子贡与冉求，就都能被够派上用场。

在职场中遇到好的上司，是一个人最大的福气。好的上司包容性强，下属就算有一些缺失，也能够获得实时的指导，从而在工作中学习、成长。上司千万不要求全才，希望下属样样皆能。其实，看起来或听起来样样皆通的下属，实际上大都样样稀松。

领导者想择才而用，有才能的贤者也会睁大眼睛，以看清楚何枝可栖？《雍也篇》中记述，季孙氏使人商请闵子骞①出任费邑的邑长，闵子骞对来人说，"善为我辞焉，如有复我者，则吾必在汶上矣"。闵子骞说这样的话，是为了表明自己不接受这个职务。因为他明确说，如果再来召他，他一定会逃到汶水以北的齐国。

有机会为大众服务，当然是好事情。但是在特定的情况下，能不能施展自己的抱负，也应该仔细想一想。

闵子骞是孔子的弟子，当然明白接受与否的标准。季孙氏请他出任费邑的主政官员，他马上推辞，并且强调若是再度邀约，必当远走他乡，以表明自己的决心。

一般人总是先推辞一番，再表示接受。闵子骞明白这个道理，才说出最后那两句话，表示自己不是客气，也不是试探季孙氏的诚意，而是坚决请辞，以

---

① 闵子骞，闵子骞在孔门十哲中，与颜渊、伯牛、冉雍同列"德行"之科，他的孝行尤其著称于世。

免双方还要拖拖拉拉，既浪费时间，又容易引起误会。

一般情况下，我们想答应的时候，大多会先推辞一下，表示要谦让给比自己更合适的人，这不是谦虚，而是客气，表示对邀约人的尊重、对邀请的重视。如果随即答应，还笑容满面、手舞足蹈，一副乐不可支的模样，那也太让人见笑了。

如果真的不答应，最好一开始就说明原因。不方便说明原因时，要用坚决的态度来表示。免得对方几度邀约不成，颜面尽失，恼羞成怒，甚至结了难解之怨。找个好理由，使双方的面子、里子兼顾，日后相遇不伤和气。

可答应也可不答应，通常先谦虚一番，话不要说得太肯定。然后看情况，再做出明确的决定。至少不要让对方误会我们高傲或误会我们对报酬不满。相互体谅，和和气气，以取得更多共识。答应与不答应，双方的内心都要欢喜。

孔子主张治理百姓要有权宜应变的做法，《泰伯篇》中记载，**子曰：“民可使由之，不可使知之。”** 译为白话文就是：老百姓的知识程度并不能普遍提高，只能够告诉他们怎么做，却很难使他们明白为什么这样做的道理。这一句话，也可以说成“民可使，由之；不可使，知之”。意思是老百姓接受政府的规定，当然最好。若是不接受，那就要告诉大家，为什么要这样规定，使大家明白道理。

这两种解释，看起来似乎有些不同，实际上是相通的。教育再普及，要把道理说得每一个人都明白，恐怕还是十分困难。何况理不易明，道理本来就不容易说清楚、讲明白。加上理会变动，常常因时、因地、因人、因事而有所不同。即使人人都有知道的权利，也实在不容易让每个人都清楚明白。先使人民遵从规定，再逐渐明白道理比较可行。

还有一种断句法，那就是，“民可，使由之；不可，使知之”。人民可以做得到的，就使大家自动、自发去做，不必强力监督、指使。人民不明白或做不到的，最好想办法教导大家，使其明白道理，并且乐于去做。

　　《论语》的政治理想，在于实施仁政，目标在于实现和谐的王道社会。无论在什么时代，对于公众的事务，大家都应该有所知晓。然而有人能明白道理，有人却不甚明白，甚至搞不清楚。很难使老百姓完全明白，固然是事实。但为政者要加强沟通，尽量使大家明白。

　　儒家学派认为，在王道社会中，人人都有仁心，大家奋发向上，这体现了人性的尊严。王道的主要精神，在以"道统"领导"政统"，以政治力量来维护社会文化的自由发展。政治是大家的事务，最好能够互相尊重，彼此包容，并且加强沟通。一项规定、一件事情要说到大家都明白其中的道理，恐怕在时间、人力上，都有实际困难。因此风行草偃的上下感应，便成为重要的助力。

第七讲

足兵，足食，民信之矣

——诚在心间，信在人间

《颜渊篇》记述，子贡请问，怎样为政？孔子说，"**足食，足兵，民信之矣**"。子贡再问，如果迫不得已，在这三项中要先除去哪一项呢？孔子回应，"去兵"。子贡又问，如果迫不得已，在剩下两项中要先除去哪一项呢？孔子回应，"**去食**"。孔子认为迫不得已时，可以去兵，也可以去食，然唯不可失信于民。唯有诚信立国，使人民对政府有信心，才是王道政治的主要特征，这一点不可忽视。

一、用你的真心，换世界的真情

孔子把充足粮食、整修军备和建立人民的信心，当作施政的三大要领。他认为，一切生产，莫不是为了足食。所有军备，都是为了足兵。仅仅这两项，很难区分王道或霸道，而诚信于民才是王道政治的主要特征。

既然诚信这么重要，孔子为什么把它摆在"足食""足兵"之后，最后才提出来呢？因为仓库里粮食充足，才能用心整修军备。民众的安全获得保障，才能够实施教化。但是依重要性而言，教化的功效，当然比"足食""足兵"更为优先。

《颜渊篇》第九章记述，鲁哀公问有子，年成歉收，国家财用不足够，怎么办呢？有子反问，"*盍彻乎*"？哀公马上摇了摇头说，十分之二的税，我都还不够用，怎么可以只收十分之一呢？有子回应得很好，"*百姓足，君孰与不足；百姓不足，君孰与足*"。

财政与经济不同，前者量出为入，后者量入为出。政府的财政管理在于预先制定好计划，看看需要支出多少，再来寻找财源。这时候税收的高低，当然是主要的考虑项目。然而，农民的收成不佳，依法纳粮确实有困难，政府就应该调整计划，以求收支平衡。否则，不顾民众的生活，让民众失去信心，对政府相当不利。

为政者最好抱持"下贫则上贫，下富则上富"的心态，先求富民，再求富国。民众生活获得改善，自然乐于依法纳粮、纳税。遇到农作物收成不好的时候，要降低纳粮的比例，这应该是可行的办法。用其他的税收来弥补，也是全民互助的措施。为政者若能用心使人民安居乐业，社会就会和谐安定，国家就一定会富强。

在同篇第十四章中，子张请问为政的道理，孔子说，"居之无倦，行之以忠"。在任上的公职人员不能有任何懈怠，推行政事一定要尽心尽力。

很多人在职怨职，干一行不满意一行，做事不肯用心，稍遇困难便想打退堂鼓，这样下去，绩效当然大打折扣。出来做事，不应该懈怠，更不能推卸责任。因为没用心做好分内的工作，势必会引起众人的反感，对公司的危害更大。尽心尽力推行规章制度，这才叫作"忠"。要想做到"忠"，先决条件是不抱怨、不嫌麻烦，否则很难做到。

《颜渊篇》中除了记录季康子问政，孔子回答了"风行草偃"之外，还有两章也记述了季康子求教于孔子的事。一章还是问政，孔子回答，"政者正也，子帅以正，孰敢不正"。译为白话文就是：政字的意义就是中正，一个人依正道而行，还有谁敢不依正道来做呢？"正"这个字代表对的、是的、光明的一面。一个人若能恪守正道，便是堂堂正正的君子。恪守正道的原则，是千古不移、历久常新的。我们要从日常生活做起，力求恪守正道，由行正而身正，再做到心正的地步。任何恪守正道的人，不但不会遭人怨恨，甚至还受人尊敬。一个人只要坚定不移地恪守正道，自然会逐渐影响邻近的人，引导大家都趋向正道。

另一章是季康子忧心国内盗贼太多，便向孔子求教解决办法。孔子回答他，"苟子之不欲，虽赏之不窃"。孔子说得似乎不太客气：如果您自己不贪求财

任何恪守正道的人，不但不会遭人怨恨，甚至还受人尊敬。一个人只要坚定不移地恪守正道，自然会逐渐影响邻近的人，引导大家都趋向正道。

货，就算您奖励百姓去行窃，他们也不会去做的！

上行下效，是自古以来，屡见不鲜的事实。领导者有什么偏好，很快就会引起大家的仿效。同样的道理，长辈有什么作为，晚辈也会加以仿效，这也是上行下效，而且这种情况十分普遍。在很多家庭聚会中，叔叔、伯伯们围在一起小赌一番，侄儿、侄女们在一旁也耳濡目染，甚至从此一辈子就好赌成性了。父母若花钱大方，生活奢靡，子女从小耳濡目染，极可能成了拜金一族。

《子路篇》记述了，身为季氏家臣的冉雍请问为政的道理。孔子说，"**先有司，赦小过，举贤才**"。冉雍接着问，怎么知道谁有贤才能举用他呢？孔子答道，"**举尔所知，尔所不知，人其舍诸**"。对于知人善任的具体做法，孔子认为领导者应该本着大公无私的原则，把自己所知道的贤明人士举荐出来。这样的话，下属自然会跟着举荐贤才，从而避免下属视而不见，舍弃良才。领导者自己不知道的贤良人才，应该有其他的人乐于把他们举荐出来。如果没有形成这种风气，领导者应该反省，是不是大家不相信自己，或者自己在知人善任方面做得不够好。

孔子认为领导者必须以身作则，但千万不可事必躬亲。既然设置职有所司的岗位，就应该尊重制度，先让下属按照规矩办事。如果下属有一些过失，也应该加以合理的宽恕，使他们在工作中能够获取宝贵的经验，进而不断求取进步。

凡事由下而上，通常比较切合实际的状况，而且层层过滤，自然会取得合理的协调。领导者从各方面的反应和处理的结果，应该可以知道自己到底做得好不好。

《子路篇》有"**其身正，不令而行；其身不正，虽令不从**"，这体现了孔子主张"正名"，具体实践起来，就成为"正身"，也就是说，要名副其实。在上位的人，首要的工作，便是以身作则，成为民众的表率。

领导者要走正道，要将心比心地制定合理的法令，并且让自己率先遵守。如此，民众自然会产生正向的感应，也跟着遵守法令。制定法令的人士，自己不遵守，民众看在眼里，当然也阳奉阴违，甚至明目张胆地不守法令。

我们常说"上梁不正下梁歪"，意思是上行下效，下属很容易有样学样，甚至变本加厉。《大学》有"身修而后家齐，家齐而后国治"，意思是齐家或治国的先决条件，都在修身。对领导者来说，更是非修身不可，因为大家都在看。

因为重要，同篇第十三章又讲了一次，**"苟正其身矣，于从政乎何有；不能正其身，如正人何"**。执政的人如果端正了自己的言行，对于从政有什么困难呢？如果不能端正自己的言行，又怎么能去端正别人呢？

自己品行不端正，哪有资格批评别人？自己都管不好，又怎么有资格管别人？在一个家庭里，父母亲不修身，子女怎么会敦品励学？在职场里，老板与管理阶层品德修养不够好，基层员工怎么会有高效率的工作表现？在官场里，顶头上司道德败坏，会有多少下属还肯奉公守法？我们的眼睛不要只看别人，却看不到自己。

二、精神的富足才是真正的富足

《子路篇》记载，子曰："鲁、卫之政，兄弟也。"鲁为周公之后，卫是康叔的封地，周公与康叔同为周文王之子，所以孔子说，鲁、卫是兄弟之邦。但是，孔子说这段话是有感于鲁国和卫国衰败的情况十分相似，想用兄弟之邦的比喻，来唤醒当时两国的君主，应该好好振作起来，把国家治理好，不要做难兄难弟，使民众受苦。

难兄难弟是出自刘义庆《世说新语》的成语，用以称赞兄弟两人品德、才学俱佳，难分高下。但是后世却转而用于讽刺兄弟俩同样差劲，一个半斤一个八两，表现得都不好。同样的四个字，可褒可贬，又有"一阴一阳之谓道"的意味。

其实，孔子离开鲁国，前往卫国时，对卫灵公并无愿望，只是两国领地相接。因为孔子内心还是对鲁国怀抱着一丝希望的。同篇第九章记述，孔子初抵卫国，告诉替他驾车的冉求，"庶矣哉"。冉求接嘴，人口多了，进一步要做什么呢？孔子说，"富之"。冉求再问，人民富有了，进一步要做什么呢？孔子说，"教之"。

先富后教，是孔子一贯的主张。经济建设先行，紧接着就要加强文化建设。政治既然为人民服务，就应该先满足人民现实生活的需要，也就是先让人民的生命得以保持和维护，在满足人民的食、衣、住、行的基本需求之后，再提升人民的道德精神，使大家安居乐业、和谐相处。

孔子推崇管仲的政治才干，因为管仲在《牧民》一文中明白指出"仓廪实而知礼节，衣食足而知荣辱"，与孔子提出的"富之""教之"同为至理名言。

经济的发展，是为了教育的普及和提升。一切向钱看，社会秩序必然大乱，社会风气一定败坏。把金钱当作生活的工具，而不是生存的目的，才是正确的观念。

把金钱当作生活的工具，而不是生存的目的，才是正确的观念。

生命和性命不同，生命不过是活生生的一条命，未必有意义、有价值。性命表示具有人性，也就是活得像一个人，把人的角色扮演得很好，当然有意义，也有价值。孔子认为人的生命比其他生物的生命更为重要、更有价值。因为人的生命，除了一般生物所拥有的生物性的生命存在之外，还有一种其他生物所没有的精神生命，所以人的教化，非常重要。

《阳货篇》记载，子曰："鄙夫可与事君也与哉？其未得之也，患得之。既得之，患失之。苟患失之，无所不至矣。"孔子明白指出，无法与庸劣的人一起侍奉君主，因为庸劣的人有个很糟糕的毛病，就是当他没有得到职位的时候，唯恐得不到。已经得到了，又害怕失去它。因为害怕失去，就一定会无所不用其极。

患得患失的意思是得失心很重，因此会经常很不安。患得患失的心态会造成观念偏差，使人唯利是图，使人违反道义、不择手段。患得患失的人在尚未获得机会时，忧心抢不过别人而坐立难安。他们会想尽办法，甚至昧着良心也在所不惜。倘若已经得到机会，患得患失的人又忧心什么时候会被挤掉。为了保护自己既得的权益，他们恐怕什么事情都做得出来。

患得患失的人，先是巴结、奉承有权势的人，以各种心计来谋取自己想得到的职位。得到职位之后，对上司也一定会忍气吞声，甚至表现出虚假的忠诚。其实，患得患失的心态，常常让人怨天尤人，让人快乐不起来。

我们应该把握机会，以便得到更好的职位。若没有机会，就继续充实自己，静待良机。得到愉快，失去也不觉得痛苦。怀有这种随遇而安的心态，才是有所为、有所不为的勇者。

参加任何竞赛，若得失心太重，都会影响临场的发挥。期望愈高，失望愈大。如果以平常心看待，就可以将平日练习的最高水平发挥出来。有人以"得之我幸，不得我命"来自我安慰，其实这也是一种豁达的心态。

《子路篇》载有子夏任莒父①邑宰，请问孔子怎样施政，孔子说，"无欲速，无见小利；欲速则不达，见小利则大事不成"。译为白话文就是：不要求速成，不要只看眼前的小利。求速成就不能达成理想的目标，只看到眼前的小利就不能成大事。

求近功、贪小利是一般人常见的缺点，这似乎很难避免。为自己的事业、求自己的私利，这属于个人的选择，我们最好加以尊重。然而，孔子告诉子夏，既然要为百姓服务，就必须把眼光放长远而顾大局，一定不能够急功近利，以免人民受害。

《论语》中记载弟子"问政"的内容有很多，只有《卫灵公篇》中的颜渊独问"为邦"。孔子回答："行夏之时，乘殷之辂，服周之冕，乐则韶舞。放郑声，远佞人。郑声淫，佞人殆。"译为白话文就是：用夏代的历法，乘商代的木车，戴周代的礼帽，音乐采用舜时的乐舞。禁绝郑国的音乐，远离小人。因为郑国的音乐淫秽，而小人危险。

孔子认为，夏历比较容易了解；殷商的木车朴实、耐用，方便乘坐；周朝

①莒父，古邑名，春秋鲁邑，在今山东省莒县西。

的礼帽大方得体；舜时的舞乐尽善尽美。治理国家以便民和育民为主，所以孔子提出这样的建议。至于特别要求禁郑声，主要是郑国的乐曲乃靡靡之音，容易令人消沉丧志，具有高度的危险性。

孔子提倡德治，强调政府必须建立威信，并且改善人民生活，再施以教化。即使教育广泛普及，还是有太多的人并不知道自己合理的需要是什么。对百姓的教化责任在每一个时代都不能轻易放弃。

古时王者受命，一定要"改正朔，以新天下耳目"。中国古代统治者往往以建立新的历法作为本朝的开国标志，从而体现新政权的权威与尊严。夏历即现在所称的阴历，因最合农时，所以又称农历，它在农业生产中具有指导农时的不可替代作用，孔子当时最重民生，而民生以农事为主，故主张采行夏历。

至于商的木车朴实耐用、韶舞尽善尽美等等，都可见孔子一方面损益先王之礼，一方面也是斟酌当世之宜，这让我们领会了孔子与时俱进的精神。我们讲求国学现代化，便是不拘泥于古，活学活用，在今日地球上以最合理的方式，来彰显古圣先贤的智慧，让中华道统文化永续光大，福荫全人类。

三、修养好德行，领导好他人

《卫灵公篇》中记载，子曰："知及之，仁不能守之，虽得之，必失之。知及之，仁能守之，不庄以莅之，则民不敬。知及之，仁能守之，庄以莅之，动之不以礼，未善也。"译为白话文就是：一个在位者的才智足以治理国事，如果他的仁德不能保持住，虽然得到了职位，也必然会丧失掉的。才智足以治理国事，仁德也能保持住，如果不能以庄重的态度管理民众，民众也不会尊敬他。才智足以治理国事，仁德也能保持住，又能以庄重的态度治理国家，如果举动不合于礼，也不能算是完善！

　　孔子的这一番话，对任何领导者，都极有参考的价值。"德本才末"，一个人有仁德，他的才华才有可能得以持久、有效发挥。若没有仁德，一段时间之后，才华便会败下阵来，失去应有的效能。仁德、修养良好，态度庄重，大家自然会加以敬重。若坚守工作岗位，把工作做得好上加好，便是完善的表现。

　　孔子列出正心、诚意、修身、齐家、治国、平天下的进程，便是要求我们先修养好自己的德行，因为只有这样才能够合理领导众人。儒家学派偏重人格感召，以仁治国，以德化人，以修己为基础。只要动无私心、令无私意、言无私事、行无私求，自然无人不能领导，无事不能成功。

> 只要动无私心、令无私意、言无私事、行无私求，自然无人不能领导，无事不能成功。

　　对现代人来说，不要担心得不到某个职位，应该担心自己能不能胜任。我们要拿孔子提出的标准来要求自己，促使自己不断上进。因为一旦时机来临，就能够好好地把工作做好。

　　《学天篇》记载，**曾子曰："慎终追远，民德归厚矣。"** 在上位的人慎重处理亲长的后事，诚敬祭拜自己的祖先，才能使社会风气归于仁厚。

　　传统观念认为，家庭的首要功能在于生育子女，以延续家族血脉；第二功能即在祭祀祖先，表示不忘根本；第三功能在于教养子女，使其成为品德良好、受人敬重的人，以传承良好的家风。我们相信"家为国之本"，家教良好，社会风气自然敦厚。

　　孔子的确是政治长才，所以对学生的问政都能给予最好的指点。《为政篇》中记述，有人问孔子，先生说起政治有好几套，为何不从事政治工作呢？孔子回答，"*书云：'孝乎惟孝，友于兄弟，施于有政'。是亦为政，奚其为为政？*"译为白话文就是：《尚书》说"一个孝敬父母的人，必能友爱兄弟，将孝顺、友爱的道理和精神，散布给当政的人"——这也算是从政，何必一定要自己当官才算从政呢？

　　孔子对于从政的态度，一向是"为行道而不求俸禄"，也就是，为了行道的方便，才可以从政；如果单纯为了俸禄，不如退隐。作为社会的公正人士，若能想办法影响从政的人，从某种角度来看，也和自己从政一样。

　　如果从政是立功，那么宣扬为政的道理和精神，就可以算立言。这两者对老百姓而言具有同等的贡献，所以孔子认为从政与不从政，并没有什么不同。

　　有机会从政，为百姓服务，当然是好事情。如果没有机会，也不必强求。扮演好另一种角色，传播好为政的道理，也是一件好事，同样具有价值。不管是当政者向孔子请教，还是学生向孔子请教，孔子都用心指点。当政者听了若能认真执行，便会获益良多。学生受教之后，若被其他当政者重用，也可以将孔子的指教——践行。这显示了孔子学说的价值，也证明了孔子虽不是亲身从政，其实与自己从政并没有什么差别。

　　《子路篇》中记载，*子曰："苟有用我者，期月而已可也，三年有成。"*"期月"的意思，原本是为期一个月，也就是一个月的期限。但是一个月便能够做出一些成绩，未免太急迫了。孔子应该不会夸下这海口。所以才解释为一年。

　　我们研读经典有必要解释古代的文字，但是应该以合理为判断的标准，而不是咬文嚼字去斤斤计较文字上的意义。毕竟时空、背景始终在变化，合宜的文化才能经得起历史的考验，我们应该认定它们有与时俱进的价值，这也是国学现代化的精神意义。

孔子说，自己一年就差不多能做出一些成绩，三年便会拿出好的成果，这主要依靠他长年的观摩、分析和研究。他十分有把握，才敢开出这样的"支票"。可见，孔子绝不是信口开河，随便说说而已。

孔子的这一番话，并不是妄自夸大，并不是有骄傲的味道。更不是现代人喜欢说的，具有过分的自信。孔子真正的意思，还是对上天怀有信心。有没有君王能够重用孔子，这是命。重用之后，能不能表现得很好，这要看天。但是孔子对天怀有信心，知道以自己的修养与努力，上天一定不会辜负；知道只要能获得机会，必然可如愿以偿。

对待同一件事情，应该有两种不同的看法。孔子未能亲自施展他的政治抱负，对当时的人来说是一种遗憾，但对我们这些后生晚辈而言，却是十分幸运。如果孔子在有生之年，获得了像周公那样的机遇，很有可能和周公一样，只留下美名，却不会留下教诲供我们研究和学习。

接着孔子又说，"**善人为邦百年，亦可以胜残去杀矣，诚哉是言也**"。译为白话文就是：古人说"善人若治理国家一百年，就可以使残暴的人不做坏事，就可以废除杀戮的刑罚了"，孔子认为这话说得真对。教化百姓，费心费力，孔子先自认三年有成，后又说要百年才可胜残去杀，真使人感慨不已。

第八讲

如有王者，必世而后仁

——所谓的量变终究会质变，不要奢望一步登天儒家倡导德治，要求领导者先以德立自己，然后以仁德感化人民。以德治国，不仅要立自己，而且要透过各种教化，使人民不做坏事，然后政府才可以废除刑罚。在《子路篇》中有这样一句话，**"如有王者，必世而后仁"**，如果有圣明的君王治国理政，必定要三十年后，才能使仁道大行于天下。儒家推崇王道，主张施行德治、礼治。以德行仁道，使人民心悦诚服，当然需要比较长的时间。

一、做大、做强，不如做得久远。

孔子曾说自己从政三年就能做出好的成果，而善人推行仁政需要百年才可胜残去杀。在三年与百年之间，他还是认定必须三十年以上才能以仁道感化天下。做大、做强，不如做得久远。霸道或许可以快速成长，却不能历久不衰。

《子路篇》第十五章记述，定公问："一言而可以兴邦，有诸？"孔子对曰："言不可以若是其几也。人之言曰：'为君难，为臣不易。'如知为君之难也，不几乎一言而兴邦乎？"曰："一言而丧邦，有诸？"孔子对曰："言不可以若是其几也。人之言曰：'予无乐乎为君，唯其言而莫予违也。'如其善而莫之违也，不亦善乎？如不善而莫之违也，不几乎一言而丧邦乎？"

孔子两次回答鲁定公都先强调话不可以说得太武断。然后他举例说，有这样一句话，做国君很难，做臣子也不容易。如果知道做国君不容易，从而能够勤奋为政，不就是一句话就可以使国家兴盛吗？第二次回答时，孔子又举例说，有这样一句话，做国君没什么快乐的，唯一的快乐是所说的没人敢违抗。如果你说的是对的，没有人违背不是也很好吗？如果你说的是不对的，却没有人违背，不是近于一句话就可以使国家衰亡吗？

这里的"几"字，真正的含义是差不多，而差不多就是"不能差太多"。鲁定公觉得"一言可以兴邦，也可以丧邦"听起来似乎太严重了，他便去请教孔子。孔子告诉他，不可能百分之百，却也差不多了。

差不多是一种十分高明的智慧。不幸的是，由于解释错误，让胡适先生写了一篇《差不多先生传》，意谓中国人习惯马虎，不求明白精确，凡事差不多就可以了。结尾还写了一句：中国从此就成了懒人国。我想大多数的中国人读了这篇文章，一定会觉得：自己真是差太多了。

> 我们在日常生活当中，很少会出现百分之百的东西，绝大部分都是差不多如此，这种事实是不能忽视的。可见，差不多几乎是「刚刚好」的代名词。

我们在日常生活当中，很少会出现百分之百的东西，绝大部分都是差不多如此，这种事实是不能忽视的。可见，差不多几乎是"刚刚好"的代名词。刚刚好便是恰到好处，合乎大家所重视的中庸之道，难道刚刚好还不好吗？

孔子熟知为政之道，却未获重用，所以《公冶长篇》有"道不行，乘桴浮于海，从我者，其由与"。子路听了很高兴，孔子却加了一句，"由也，好勇过我，无所取材"。

当孔子说他想乘坐木桴出海的时候，心中并没有放弃理想。他只是看到当时的乱象，知道自己的理想难以实现，有一些感叹。不料子路却竟信以为真，所以孔子才用"连造木桴的材料，都还没有着落，怎么能出海"来指点子路。

"无所取材"，是一语双关的修辞法。从字面上来看，是找不到造桴的材料。但深一层的意思，则是不能裁量事理，引申为不明白孔子的心意。

"道"字的本义，是行走的道路。只要是道路，便可以行走，并没有好坏、善恶的分别。但这里所说的"道"，具有价值判断，带有正邪的区隔，专指正道、中道而言，不包括邪道、偏道在内。孔子有很高的意愿要实现自己的理想，又不能够不择手段，所以才有"道不行"的感慨。

孔子一生奔波，始终无怨无悔。他这种百折不挠，始终如一的精神，正是他的伟大之处，非常值得我们钦佩和学习。

在理想尚未确定之前，我们不可固执，以免偏离目标，日后还难以纠正。

若是目标明确，我们更应该坚持贯彻而不轻易改变。见风就转舵，很可能会随波逐流，不仅会丧失理想，也会丧失斗志。

二、高境界的"孝"是满足父母的精神世界和理想主义

《为政篇》第五章中记述，孟懿子向孔子问孝，孔子回答，"无违"。樊迟替老师驾车，孔子说，"孟孙问孝于我，我对曰'无违'"。樊迟问，这是什么意思呢？孔子说，"生，事之以礼；死，葬之以礼，祭之以礼"。"无违"的意思，就是不要违反父母和子女相处的道理，这并不是说一定要顺从父母的命令，或完全听从父母的话。孔子进一步解释，要依礼侍奉父母和葬祭父母，这便是一切以合理为度。

和西方人相比较，我们更喜欢使用复名词，而不是单名词。所以在"孝"字后面，我们加上了一个"顺"字，结果却引起很大的误解。很多人就以为完全顺从父母的指示，才叫作孝。实际上，"无违"的意思，是合理地顺从，而不是盲目的顺从。不能够不顺，却不能完全顺从，孝敬父母应该以合理为度。

存心不顺从，当然是不孝。存心样样顺从，也经常陷父母于不义，同样是不孝。"无违"主要在不当面顶撞，但也不能阳奉阴违。子女应该和缓地向父母说明自己的困难，取得父母的谅解。双方和谐好商量，便是良好的"无违"。子女对父母若心存孝敬，绝不会当面顶撞。孝敬父母，便能合理地顺从，也不至于陷父母于不义。

《为政篇》第六章记述了，孟懿子的儿子孟武伯向孔子问孝，孔子说，"父母唯其疾之忧"。父母爱自己的子女，无所不至，唯恐其有疾病，子女能够体会到父母的这种心情，在日常生活中格外谨慎小心，这就是孝。我一向告诉学生，在还没有能力帮助父母亲做什么事之前，至少不要让父母为自己操心、烦恼！

吃五谷长百病，一个人完全没有疾病是不可能的。但是我们应该注意自己的健康与安全，减少生病的次数，避免意外伤害，不要使父母担心。

若真的生病了，更不能隐瞒父母，因为这会使父母更加担忧。我们要禀告实情，有病治病。在治疗期间，我们要遵照医生的指示去服药或做复健。我们要在心中忘病，不吓唬自己，因为那也会让父母不得安宁。反之，父母生病时，我们更应该用心照顾，尽量使父母放宽心，以期早日康复。这才是孝敬父母的具体表现。

《为政篇》第七章记载，子游向孔子问孝，孔子说，"**今之孝者，是谓能养；至于犬马，皆能有养；不敬，何以别乎**"。物质上奉养父母，原本就是天经地义的事情。但是现今有些人对动物的爱护，甚至比对父母还要用心，岂不是父母反而不如宠物？可见，只有在精神上的孝敬，才是人和禽兽的差异。

近二三十年来，很多父母只重视物质享受而忽视精神滋养，实际上也是自比动物。而这对子女的影响非常明显，子女长大之后，也愈来愈不知在精神上敬爱父母。孔子这里所说的敬，实际上是诚意的意思。有诚意的孝，而不是形式上的顺，这才是人和禽兽的差异。不问条件、没有标准，凡事有诚意就好。

> 心目中有父母，处处想到父母的立场，就是孝的起点。

父母生你、养你、育你，如果对父母都不敬，那你还会敬重什么人？对不孝的人，基本上是没有什么值得期待的。孝是做人的根本。古时候，在用人之前，都会想办法去了解这个人是否孝敬父母。也就是说，在背景调查的时候，要调查他是否孝敬父母。毕竟，孝敬父母的人，原则上不会做出让父母蒙羞的事来。心目中有父母，处处想到父母的立场，就是孝的起点。

《为政篇》第八章记载，**子夏问孝。子曰："色难。**

有事，弟子服其劳；有酒食，先生馔，曾是以为孝乎？"。译为白话文就是：要长期和颜悦色地侍奉父母是很难的。如果只是家里有事时，由年轻的子女操劳；有酒、有饭时，让长者去吃喝，这能算是尽孝吗？

现代人把奉养父母当作尽孝。自以为有钱让父母花，有食物让父母享，有衣物供父母用，便是孝的表现。因此缺乏尊敬的心态，对父母不够恭敬，请问这和养狗、养马有什么不同？奉养父母，最要紧的是恭敬。至于如何奉养，要看子女的能力和条件。诚心尽力就好，不能够比来比去。

要长期在父母跟前保持和颜悦色，真的有那么困难吗？如果真的遭遇这样的困难，最好检讨自己，想想自己是不是对待父母缺乏诚意，想想自己为什么才失去了恭敬的心。

年轻时为父母分担一些事情，年长时认真准备父母的饮食，不过是为人子女应尽的责任，谈不上孝心。如果能做到这种地步，便自认尽孝了，那实在是太小看自己了。儒家主张让父母有面子，不辱家门，这才是真正的孝。

《里仁篇》记载，子曰："事父母几谏。见志不从，又敬不违，劳而不怨。"译为白话文就是：子女侍奉父母，遇父母有过错时，只能委婉劝谏。如果父母不听从，依然对父母恭敬、不敢违抗，虽然内心忧愁但不怨恨。难道孔子真的要我们不分对错地不违抗父母吗？

我们常说，天下无不是的父母。但这句话的真义应该是，天下的父母都是人，既然是人，便可能会犯错。但是作为子女，不能够批评父母。孔子这番话是建议，当父母有过失时，子女必须讲究沟通技巧，使父母明白自己的过失。若是父母听不进去，也不能对父母怒目相向，更不能怀恨在心。子女最好暂时听从父母的指示，日后再想办法劝说，绝不能当面顶撞，

> 天下的父母都是人，既然是人，便可能会犯错。但是作为子女，不能够批评父母。

重伤了父母的心。

《里仁篇》还记载，子曰："父母在，不远游，游必有方。"子女的安全和健康，通常是父母最为关心的问题。子女现在在哪里、状况如何，最好要让父母知道，以免让他们担心。在现代社会中，人们外出的机会很多，所以外出前要向父母告知，保持定期沟通、互通信息，以免让父母担心。

为数不少的子女，无视于父母的关心，到处乱跑，甚至两三天不见踪影，这让父母十分担忧。很多人有了子女之后，方能体会到自己年幼无知时父母的担忧与操心。

在现代社会中，交通十分便利，无所谓"远游"了。从上海到美国的西雅图，从北京到奥地利的维也纳，坐飞机也就十几个小时到达。在国内就更不用说了，高铁、飞机已足够快速、便捷。因此，我们理解的重点应该是在"游必有方"。要去什么地方？去做什么？与什么人去？什么时候回来？都要一一向父母亲禀报清楚。做到这些，才是心存父母。

子女未成年时，敢一一向父母禀报的应该是去正正当当的地方、做规规矩矩的事、交诚实可靠的同学，也不会逾时不归。如果是要到不该去的地方、去做不该做的事、同行的有不良的人，子女一定不敢明说。

不敢明着表示还有些顾虑，怕父母一口否定，于是就只好撒谎了。撒谎不是难事，因父母信任子女，就相信了子女的话。风平浪静一个星期或一个月后，谎言还是被拆穿了。子女若能坦诚认错，求父母原谅，还算不错。子女若不肯认错，还编了几个故事来圆谎，一定会愈说愈离谱，会让父母气急败坏，甚至会让父母想要动手。

在现代社会中，手机的功能很多，我们什么时间到过什么地方，都可以在手机上显示出来，要欺骗父母愈来愈难，子女还是乖乖向父母禀报吧。

三、唯愿时光能缓，父母不老

《里仁篇》中有"**父母之年不可不知也；一则以喜，一则以惧。**"父母长寿，应该是子女最大的乐事。然而长寿具有两方面的意义：一是活得长久，一是日益衰老。前者使子女欣喜，后者令子女忧惧。有孝心的子女，不但知道父母的年龄，而且还牢记在心。

看到父母年岁日高，要先想想自己有没有善尽侍奉父母的责任。父母一年比一年老，表示与子女欢聚的日子，也一天天在减少。这时，我们要务必提醒自己，及时尽孝道。

凡事总是一体两面，有喜就有惧，我们要全部承受。我们要尽量使父母欢乐，帮他们减少一些忧愁。我们的孝心应该落实在日常生活中，要随时随地诚挚而积极地表现出来，这样才有意义、有价值。

如果只是在特定的日子，如在父母生日，才想到要买个蛋糕讨父母欢心，那实在很可笑。若被自己的子女看在眼里，他们很可能以后也会以同样的方式来对待你。子女真的要用心去了解父母究竟喜欢什么，然后想办法投其所好。大多数父母不会期望子女花大价钱买几乎派不上用场的名牌皮包或进口洋装，父母喜欢的应该是健康的子女齐聚一堂，有说有笑，温馨而快乐。

《先进篇》中记载，子曰："**孝哉闵子骞！人不间于其父母昆弟之言。**"不令父母受辱，是子女的孝心。父母的话如果合理，子女当然要顺从。如果不合理，甚至违法乱纪，就不该盲目接受，闵子骞的做法给我们提供了借鉴。

> 我们的孝心应该落实在日常生活中，要随时随地诚挚而积极地表现出来，这样才有意义、有价值。

汉代刘向^①在《说苑》中记述，闵子骞的生母去世，父亲续弦，又生了两个儿子。继母偏爱自己亲生的两个儿子，经常虐待闵子骞。闵子骞并未告诉父亲，因为他不想影响父母间的关系。寒冷的冬天来了，继母用棉花给自己的两个亲生儿子做棉袄。她也假装给子骞棉袄，但其实内里填的是芦苇。闵子骞有一天驾马车载父亲出门，因寒冷且饥饿，手没能握好缰绳，马车滑入路旁的水沟内。父亲非常生气，对他呵斥鞭打，结果抽破衣服露出了不能保暖的芦花。父亲知情后大怒，想要休妻。闵子骞跪求父亲说："母在一子寒，母去三子单。"父亲听了便不有休妻，继母也痛改前非。

闵子骞默默接受了继母一些不合理的对待，他的顺从是为了避免父母关系变坏。他的父亲发现实情特别生气，想休了继母，闵子骞居然还替继母求情。继母悔改前非，终成慈母。

孔门弟子有孝友之行者，不仅闵子骞一人，何以孔子独称"孝哉闵子骞"？实在是因为他人处于人伦之常，而闵子骞则处于人伦之变。他处在困逆之境，不但己身有孝友的实际行为，而且能够感动父母，终于保住全家和乐。闵子骞处人伦之变而使其恢复正常，足以垂范后世。

《子张篇》记载，曾子曰："**吾闻诸夫子，孟庄子^②之孝也，其他可能也，其不改父之臣与父之政，是难能也。**"译为白话文就是：我听老师说过，孟庄子的孝，其他方面别人可以做到，而他不改换父亲的旧臣和父亲的政治措施，这是别人难以做到的。

在我国，孝是一种非常重要的德行。狭义的孝，是孝亲敬长。广义的孝，更扩展到立身、齐家、治国、平天下的大道。孟庄子遵守"三年无改于父之

---

① 刘向，西汉文学家。其代表作有《别录》是中国最早的图书公类目录，刘向被誉为中国目录学之祖。

② 孟庄子：名速，鲁国大夫，孟献子的儿子。

道"的原则，对于父亲孟献子的大臣和行政措施，都不加以改变。所以曾子转述孔子的话，赞美孟庄子的孝行十分难能可贵。

孝道从孝敬父母开始，扩展开到经营事业与治国、平天下。换句话说，人生在世，一切良好的言行，都算是孝的表现。一个人极力修养了各种美德，如果独独缺乏孝道，便有损于各种美德，让人无法称赞、敬佩。反之，有孝心、有孝行，为了不让父母有憾，自然而然也会修足各种美德，所以，我们都认同"百善孝为先"！

第九讲

不违如愚，亦足以发

——唯有大智若愚，方能看透这世间万象

孔子是主张入世的，他治学的目的在于真知力行。他教学的目标，也在于教导弟子们能够真知力行。《为政篇》中有，子曰："吾与回言终日，不违如愚，退而省其私，亦足以发。回也，不愚。"孔子和颜回谈论一整天，颜回从不提反对意见和疑问，就像一个愚笨的人。可是，孔子观察颜回后来的情况，却发现颜回很能发挥孔子所讲的内容，颜回并不愚笨。

一、看到自己无知，说明已有收获

颜回小孔子三十岁，是孔子最赏识的一位弟子。他天资聪明，从来不犯同样的过错。可惜英年早逝，使孔子十分伤悲。

颜回初入孔门求学时，由于天资聪敏，成绩优异，被孔子在人前、人后给予夸赞。颜回对自己充满信心，也敢直来直往地不断向老师提问。

有一天，孔子忍不住说，颜回只知其一，不知其二，并没有完全领会自己的意思。颜回听后还是一脸茫然，于是孔子感叹说，诗、书、礼、乐、仁、义、道德，对乱世好像是没有用了！

颜回返回家中，反复思虑孔子的话。他关起门来，苦思七天，以致骨瘦如柴，但也终于悟出了孔子的真正用意。从此变得谦虚、好学，没经过反复思虑，不敢随意提问。

喜欢发问是一件好事。但是，有些人为了显示自己聪明，常迫不及待地提问；有些人没有听清楚，就急于发问；有些人太贪心，刚学会一点点，就着急问其他的；有些人心存不敬，想通过提问题来难倒对方——这样的提问，还不如不问。

向老师请教，要存有恭敬的心。不能采取和朋友讨论问题的态度。和朋友讨论问题，也应该互相尊重。不可以表现得自己特别高明，以免引起反感。对于不同的意见，我们应该加以尊重和包容，不可过分坚持己见而令人难堪。

向他人提问时的态度十分重要，最好要根据时机、身份、地位、所问事宜的性质，采用合时宜的态度，务必求问得合宜，不可破坏和谐气氛。

《子罕篇》记载，子曰："吾有知乎哉？无知也。有鄙夫问于我，空空如也，我叩其两端而竭焉。"译为白话文就是：我有知识吗？我实在所知不多。如果有乡下人来问我，他若是一副很诚恳的样子，我也就同样诚恳地从各方面反问他，然后把心得告诉他。

东方圣人孔子和西方圣人苏格拉底，有个共同的看法，那就是自认无知，而不是以高级知识分子自居。现代人口口声声自称为老师，处处以专家自居，实在并不合乎孔门的标准。

孔子提倡交互主义，认为大家彼此彼此，对方诚恳请教，我们就不能信口开河。对一件事情来说，除了共性之外，往往还具有一些特殊性。我们把共同性告诉对方，如果对方忽略了特殊性，不能做出合理的调整，岂能有效？所以孔子同样诚恳地从这件事的各方面，向对方反问到底。使请教的人经由多方面思虑，看清事物的特殊性，从而得到合理的解答。

孔子这种看似虚无，实则灵活的教学法，便是近代社会所提倡的启发式教学。对同一问题，孔子时常会给出不同的答案，这便是对不同的人，给予了不同的点化。

直接给出答案，远不如引导对方去思考有效。启发重于灌输，这是最好的教学。提供自己的心得，促使请教的人自己获得答案，既尊重自己，又看重别人。这种互相尊重的态度，大家都喜欢。

《为政篇》记载，子曰："温故而知新，可以为师矣。""温故"是方法，"知新"才是目的。没有

> 直接给出答案，远不如引导对方去思考有效。启发重于灌输，这是最好的教学。

正确的方法，就很难达成目标。没有明确的目标，"温故"不过是复习、温习，除了记得牢靠却毫无新的理解与体会。所以，"温故"是为了有新的理解与体会。

以旧开创出新来，虽然有变化，却不能够违背根本的道理。所以，喜新厌旧的心态也不正确。然而，现在许多人迎合这种潮流，一天到晚标新立异，着实产生了许多不利的影响。

新的意思，不完全是随着时间的变迁，偏重新旧的差异。新的重点是性质的改变。越来越合理，才愈新愈好。愈新愈糟，那就是开倒车。虽然是新的，还不如旧的好，又有什么用？

从旧的东西中产生新的知识和体会，主要原因在于自己有所长进了。反过来说，"温故"却不能知新，就表示自己还没有长进。致力于国学现代化，就是从古典籍中寻求新启示，让我们不断长进，让古圣先贤的智慧助力我们走向时代尖端。

二、保持开放心态，容纳不同观点

《为政篇》中记载，子曰："攻乎异端，斯害也己。""异端"可以说是指不一样的观点，也可说是"非圣人之道"。事物既然有这一面，就会有那一面。我们做学问时，不应该固执己见，认为自己的观点一定正确，而与自己不相同的见解，便一定不正确。听一听不同的言论，对自己的见解，也许可能会产生补充作用。一味加以排斥、攻击，对自己也没有什么好处，甚至还会让自己故步自封。

当多数人都赞同你时，你会因为没有被攻击、排斥，而显得气度宽广、令人尊重。反之，若你的观点被证明有误时，你也将会因为曾经被人抨击过而有所失落。

如果确认对方的观点是"非圣人之道"，我们也没必要出面指正，但至少要保持距离，以策安全。"攻"字在这里解为学习、研究，不是攻击的意思。古圣先贤流传下来的经典汗牛充栋，我们可能连十分之一都还没读通，再花费时间、精力去研究旁门左道的论述，真是危害不浅了。

《为政篇》记载，子曰："由，诲女知之乎！知之为知之，不知为不知，是知也。"孔子的这两句话，有其特殊的前提条件，那就是指他所说的道理。

> 只有那些符合社会运行正道的「正知」，才能够向他人传播。不确定是「正知」，应当视同不知，不可以胡乱传布。

因为孔子讲述道理的态度十分谨慎，所说的都是很正确的，所以才能够要求学生，知道就说知道，不知道就说不知道。至于道听途说，未经明确判断的东西，就不应该"知之为知之，不知为不知"。

只有那些符合社会运行正道的"正知"，才能够向他人传播。不确定是"正知"，应当视同不知，不可以胡乱传布。即使是"正知"，但是对当时的情境并无效用，或者并不适宜，也要暂时列为不知，以策安全。就算自己知道，如果遇到不应该或者没必要知道的人，也要假装不知道，不需要告诉他。

在现代社会中，一些媒体喜欢捕风捉影，胡乱猜臆，常把"半知"当"全知"，即使"不知"也硬着头皮当作"知"，对很多信息广泛传播，造成受众对信息的混淆不清，甚至引起社会恐慌，真是把圣人的教导抛在了脑后。

子夏在孔门中，与子游同列"文学"之科，《论语》中记载，他的论学之言都能掌握老师教导的重点与精义。

《学天篇》中有，*子夏曰："贤贤易色，事父母能竭其力；事君能致其身；与朋友交，言而有信。虽曰未学，吾必谓之学矣。"* 在这里，第一个"贤"字为动词，是尊重的意思。第二个"贤"字为名词，指贤能的人。王了一①先生在《中文文法》中指出，同一个汉字，可当名词、动词，有时还能当副词、形容词，很能变通，也很富有趣味。

子夏说，将爱好美色的心态，推广到敬重贤能人士上。侍奉父母尽心尽力，对待君主忠于职守并不惜牺牲性命，与朋友交往言谈信实。这种人即使自谦说未学，我必定说他已经学过了。

古人所说的读书，主要目的在于明白道理。古人所说的智慧，主要用意在于即知即行，并养成良好的习惯。

喜爱美色，欣赏有美感的事物、景色，是人的一种本性。只要好德如好色，尊重贤能人士，就好比爱好美色那样，就很了不起。

在现代社会中，很多人都讲究颜值，这实在是不对的。我从来不跟任何人讨论长相的好或不好，毕竟长相是父母给的，长相好当然要感谢父母，长相不好也不能责怪父母。我们也说"相由心生"，十二岁以后的容貌就应该自己负责了。一个人面目可憎的原因应该就是三日不读书。"书中自有颜如玉"，读书的好处之一就是让自己成为有气质的人。

能尽心尽力侍奉父母；对领导效忠尽责；和朋友交往，有信用、靠得住，这些都是读书人明白了道理后应有的作为。所以，能做到这几点，即使没读过什么名校，也真是懂得道理的正人君子。

---

① 王了一，中国语言学家、教育家、翻译家、散文家、诗人，中国现代语言学奠基人之一。

三、真正知书达礼，便是谦谦君子

《泰伯篇》中记载，孔子告诫弟子，"如有周公之才之美，使骄且吝，其余不足观也已"。周公学问渊博，才德兼备，被认定为是杰出的思想家、教育家与军事家。他制礼作乐，在孔子心目中是一位伟大的政治家。孔子一方面以不骄不吝来赞美周公；一方面告诫弟子，恃才而骄，有钱却十分吝啬，都令人厌恶，这种人真没什么好说的了。

《八佾篇》中记载，子夏问曰："巧笑倩兮，美目盼兮，素以为绚兮，何谓也？"子曰："绘事后素。"曰："礼后乎？"子曰："起予者商也，始可与言《诗》已矣。"译为白话文就是：子夏问"古诗说，含笑的脸庞真好看，黑白分明的眸子灵动地转，素白的底子增面容之绚丽。这句话是什么意思？"孔子说，"这是说画画先把白底抹好，然后再加上五彩的颜色。"子夏说，"是不是如同人要先有忠信的美德，然后再用礼来修饰呢？"孔子说，"卜商，你这番话启发了我，像这样就可以跟你谈论《诗经》了。"

春秋时代，人们喜欢委婉地通过《诗经》的篇章，来比拟或象征他们的心意。那是一个诗的时代，大家诗性十足，而且善用诗歌来表达情感。诗的素养极高，成为那个时代的特色。

子夏从绘画要先打底，联想出人的忠信是美德的基础。难怪令孔子十分赞赏地说，有这种能力，可以谈论《诗经》的内容了。学习孔子的言论，象征和比喻是十分必要的素养，子夏应用得十分巧妙，实在难得。

凡事有先来后到，不应该先后颠倒。而且有本有末，不能够本末倒置。画画时，先打底，后加彩绘，相当于以人为本，才可以讲求礼仪。一个人若缺乏诚意，却处处以礼修饰，那就是礼多必诈。

人应该先以忠信为基础，然后通过礼的形式，来展现文雅的举止。基础稳固，表面的礼节自然感人，否则形同虚设，令人生疑，甚至于心生厌恶，反而产生负面效果。

读书明理，必须用心领悟。我们不能望文生义，要专门在文句方面下功夫。因为字里行间的含义，有时候比字句本身更重要。培养自己的联想力和领悟力，才能读出书中的真正道理。

《述天篇》中记述，**子曰："加我数年，五十以学《易》，可以无大过矣。"** 译为白话文就是：让我多活几年，到五十岁的时候，学了《易经》，便可以没有大过失了！

这一番话，应该是孔子在五十岁以前所说的。他十五岁立志学习做人的道理，三十岁树立起现实人生的行为准则，四十岁找到了行为的本质，也就是"仁"心，所以不惑。这些志学、而立、不惑，都没有离开现实人生的体验。按照孔子"下学而上达"的次序，在五十岁时，他已经要由下学人事进入上达天道的层级了，学习《易经》，就变得十分重要。他当时只自许可以"不犯大过失"，结果"知天命"之后，不但"耳顺"，而且到了"从心所欲，不逾矩"的地步，收获远比预期的要多。

孔子删《诗》《书》，订《礼》《乐》，却赞赏《易经》。实际上，孔子一生最大的贡献在于促使《易经》由占卜的工具，转化为自然哲学与伦理道德的宝典。《论语》中不谈《易经》，很可能是《易经》当时在大家的印象中，不过是一本占卜的书，所以孔子才不直白说出来。他希望在潜移默化之中，改变大家对《易经》的观感。

> 人应该先以忠信为基础，然后通过礼的形式，来展现文雅的举止。

孔子四十岁以后，才开始上达天道。他的自我精进，由外放取向转换为内敛取向。这提示我们，一个人只有具备良好的基础之后，再来研讨有关性命与天命的事项，才比较务实。

对"仁"心的真实意义，有了深一层的体悟之后，再来研究《易经》的道理，就比较容易明白。因为道理是周全的，具有普遍性。但实际生活往往是偏颇的，具有特殊性，并且还要以当事人为主体。可见，只有具体问题具体分析，才能合理应用道理，做出合理因应。

孔子希望多活几年，是为了求取、精进学问，并不是贪生怕死，或者为了多享受几年生活。他这种好学的精神，值得我们学习。

《史记·孔子世家》载，"孔子晚年喜易、序、彖、系、象、说卦、文言。读易，韦编三绝。曰：假我数年，若是，于易则彬彬矣。"孔子五十学易，享年七十三。学之大成，当在学易后之二十余年。在此二十余年中，他融合了上古以来实用与哲理两大思潮而创新变化，开创了内圣外王的新学统，使之成为中华文化的主流。

《卫灵公篇》记载，子曰："民之于仁也，甚于水火。水火，吾见蹈而死者矣，未见蹈仁而死者也。"孔子认为，"仁"对于人来说，比水火更为重要。这提示我们，精神生活实在比物质生活对人的影响更大。孔子说，他看见过为求水火而死，却未曾看见为践行"仁"德而死的人。可见一般人大多十分愚昧，轻视精神生活，反而十分重视物质生活。

人不一定明白自己的事情，也不一定明白哪些东西比较重要。所以，我们一定要被适当教化，这样生活得才能更加有价值。

其实，物质生活并不是我们所能够完全掌控的。精神生活反而可以被我们所掌控——你想怎么样就能够怎样。可惜太多的人，把精神生活依托在物质生活上，以为只要改善物质生活，就能提升精神生活。可以控制的，不加以掌控；不能完全掌控的，反而想要取得掌控，这不过是徒增苦恼。大多数人，一生都逃不了这种厄运。

《阳货篇》中记载，**子曰："性相近也，习相远也。"**"性相近"用现代话来说，可以用"同类意识"来表示。人与人在一起，发现彼此有很多相同的地方，便产生了同类意识，所以才称为人类。"相近"是相差不远的意思，既不完全相同，当然也不可能完全相异。"人同此心，心同此理"，应该是"性相近"的最好写照。

"习相远"可以用"个别差异"来形容。各人所处环境不同，所养成的习惯也互有差异。"人心不同，各如其面"，应该是"习相远"的真实注解。

"性相近"是学习的基础，打个比方只要认真学习，人人似乎都可以成为尧舜。"习相远"是学习的结果，稍微不谨慎，便相差很远了。

"性相近也"，可以用来说明人性原本彼此相近，却不能因此推定人性是善或恶。"习相远也"，可以推论人性是可以塑染的，否则怎么能够由于习染而使原本相近的性，变成相远的人呢？这让我想到了告子所说的人性观，他说人无善无恶。但我们在这里要认识到，人性可以塑染，是大家必须努力的重点。

性是人的天性，是与生俱来的本性。孔子虽然没有直接指出性善，但他把"仁"当作人性的共通点，隐含有性善的意思。由于后天的塑染，才能启发先天的"仁"性，所以我们认为，孔子主张人性可塑的。

"习"有主动和被动两种作用，自己决定学好，属于主动；接受环境影响，学坏了，属于被动。可见"习"的结果，大多可以自行决定，不能完全怪罪于外界环境，这是孔子主张"反求诸己"的重要原因。

"习"有仿效和自觉双重作用，一方面仿效，一方面必须自觉，所以学和思并重，"学而不思则罔，思而不学则殆"。姑且不论自己的"性"如何，都应该好好学习。

第十讲

乐而不淫，哀而不伤

——情绪稳定，是一个人的顶级修养

《八佾篇》记载，孔子赞美《诗经》中《关雎》的作者性情中正。子曰："《关雎》，乐而不淫，哀而不伤'"译为白话文就是：《关雎》这首诗，表现快乐时不至于过分，表现悲哀时也不至于伤神。孔子认为《诗经》中的诗歌语言简练、寓意深远；内容反映了当时社会的伦理道德观念和政治理想；认为它是人们伦理道德修养的范本。

一、读《诗经》以调节性情，使人平和

《尚书·尧典》记载，帝舜说，"诗言志，歌永言，声依永，律和声。"译为白话文就是：诗是表达思想、感情的，歌是唱出来的语言，五声是根据所唱而制定的，六律是和谐五声的。

《诗经》原本只称为《诗》，是我国最早的诗歌总集，收集了三百零五篇诗歌。《诗经》的《序》中有言："诗者，志之所之也，在心为志，发言为诗。"

《为政篇》中有子曰："诗三百，一言以蔽之，曰思无邪。"孔子认定《诗经》的作者思想纯正，心里根本没有丝毫邪念。既然作者"思无邪"，读者应该可以领会其中不违正道的心性，让自己神清气爽，随遇而安。

《关雎》描述了一位姑娘，引起了一位男子的爱慕之情。其中，有欢乐也有悲哀，但是表现得十分恰当，欢乐没有过分，悲哀也不至于伤神。孔子对于《关雎》的词句和音乐，都十分欣赏。

追求异性朋友，当遇到障碍时，每每翻来覆去，难以成眠。而相当接近时，又觉得无比欢乐。只要是出自真诚的两情相悦，都值得相互信赖与珍惜。终于结为连理，白首偕老当然最好。如果未能携手步入礼堂，也要心平气和地好聚好散，千万不能成了恐怖情人，破坏双方的家庭。读诗不仅要有纯文学的

欣赏，也要领悟许多人生哲理。

《阳货篇》中记述，孔子以学《诗》的益处劝勉弟子，"《诗》可以兴，可以观，可以群，可以怨；迩之事父，远之事君；多识鸟、兽、草、木之名"。译为白话文就是：读《诗经》，可以激发情意，提高观察力，陶冶合群性情，舒畅幽怨。在家庭中与父母相处和到单位里与上级沟通都会用得上。还可以知道很多鸟兽草木的名称，增加见闻。

《诗经》收录了西周初年至春秋中叶的民间歌谣。它给我们提供了道德方向，但并不具体指出固定的道德标准。这使我们获得了较大的想象空间，促使我们发挥自主性和创造性，让我们充分体悟到人性的尊严。

"观"是基于双方面的考察，既可以想象作者的心境，也可以观察实际的状态。读者自己则游走在两者之间，悟出自己所应修为的品德。人是群居性动物，人际关系自是非同小可，观察别人的作为，让自己"见贤思齐，见不贤而内自省"，从而提升自己的道德修养，使自己成为群体中受尊重、受欢迎的人。

《阳货篇》记载，子谓伯鱼曰："女为《周南》《召南》矣乎？人而不为《周南》《召南》，其犹正墙面而立也与！"

《周南》《召南》主要在透过男女爱情的自然流露，阐明夫妇之道。孔子说，一个人若是不研读《周南》《召南》，好比站在墙壁前面，既看不见什么，也走不了一步。

夫妇之道，是家庭生活的基础。夫妇能和睦相处，家庭生活才有温暖与幸福可言。夫妇不和，渐至貌合神离，成为怨偶，甚至于离异，最可怜的莫过于无辜的子女。

《子罕篇》中记载，子曰："吾自卫反鲁，然后乐正，雅颂各得其所。"孔子认为音乐教育，可以端正人的性情。当然，这并不是指纯粹的娱乐，而是指寓教育于音乐之中的正乐才能起到作用。音乐本是一种艺术修养，我们最好能静下来、用心聆听，然后才能逐渐领悟其中的含义。

《阳货篇》中记载，子曰："礼云礼云，玉帛云乎哉？乐云乐云，钟鼓云乎哉？"孔子用反问的方式强调，礼的意义，不只是玉帛这些礼品；乐的意义，不只在于钟鼓这些乐器。

礼以敬为本，乐以和为本。礼表现为秩序井然，乐令人觉得和谐、协调。礼、乐都透过有形的器物，来表达无形的感情，最好形式与内容并重，以求表里一致。

二、好学以提高修养，让人宽厚

孔子经常鼓励弟子好学，但他只认可颜渊。《雍也篇》记述，哀公问："弟子孰为好学？"孔子对曰："有颜渊者好学，不迁怒，不贰过，不幸短命死矣！今也则亡，未闻好学者也。"这里所说的学，重在品德修养方面。所以特别提出"不迁怒"和"不贰过"。

不迁怒的意思，有三个重点，并且由浅而深。第一层的意义是不把心中的愤怒，发泄到不相关的人身上，令他人承受无妄之灾。第二层意义是一个人犯了一次错误，我们只能就这一件事加以责备，不应该因此全盘否定这个人的所作所为。第三层的意义十分困难，那就是想要发怒时，要能够及时化解，要用其他的方式来取代。这种发怒于无形，实属不易。

我们不应该以"人非圣贤，孰能无过"为理由，来原谅自己，甚至让自己放纵。我们日常的言行，都应该谨慎，力求不犯错，才是积极的人生态度。万一犯错了，我们必须深刻反省，吸取教训，告诫自己不能够再重蹈覆辙。如果一错再错，越陷越深，养成坏习惯了，恐怕就无药可救了。

我们日常的言行，都应该谨慎，力求不犯错，才是积极的人生态度。

有人故意惹你发怒，这时你千万莫生气，生气可能就中了他人的计了。别人犯错了，我们却生气，似乎是以别人的过错来惩罚自己。别人犯错了，应该由他们去承担后果。同样，我们自己犯错，反而去怪罪别人，那更是幼稚无礼的。我们面对一切都要心平气和，如果自己有过就自己承担，积极改过，不可再犯。

《先进篇》记述，季康子也问孔子"弟子孰为好学"，孔子还是指名颜渊，"有颜渊者好学，不幸短命死矣，今也则亡"。

颜渊四十岁"不幸短命死矣"，令孔子十分哀伤。《先进篇》有子曰："噫，天丧予，天丧予"。孔子老泪纵横地感叹，老天把颜渊带走，大道的传人早逝，岂不是天要亡我吗？真的是天要亡我呀！

孔子将颜渊视为"大道的传人"，应该是在教导的过程中，观察颜渊勤学的精神、领悟的程度与践行的成果才对颜渊寄予厚望的。《先进篇》中记载，子曰："回也非助我者也，于吾言无所不说。"译为白话文就是：颜渊不是使我在教学上有所增益的人，对于我所讲述的道理他没有不心悦诚服的。这个"说"字在此与"悦"相通。但从另一个方面看，孔子肯定了颜渊的好学，不仅只是肯定颜渊喜好读书，也包括了肯定颜渊学习各种生活技能与品德修养。

人生在世，有太多需要学的知识、技能与品德修养。颜渊对老师所说的话，无所不悦，当然是好学生。好学生可以说是好学的学生，好学的学生应该都是好学生。

即知即行，甚至于从实践中学习，这是十分有效的学习方法。

《子罕篇》有子曰："语之而不惰者，其回也与！"颜渊是孔门弟子中，家贫好学的典范，令孔子极为赞赏。孔子认为颜渊的优点之一就是学到一个好道理，就会照着去做，一点都不惰。即知即行，甚至于从实践中学习，这是十分有效的学习方法。颜渊能够不懈怠地实践，符合"学而时习之"的要求。

"语之而不惰"也可以解释为，教授道理的人，说多久都不觉得厌倦，表示教得很有兴趣，所以不懈怠。学生受教，听懂了并不照着去做，听得似懂非懂，或者听了半天根本不懂，再热心的老师，有时都会懈怠下来。

教与学是互动的，教得愈好，学得愈快；学得愈好，教得愈起劲。师生双方互动良好，功效才会提高。"言者谆谆，听者藐藐"，教的人十分热心，听的人却无精打采，再怎么教，效果也不会好。

名师出高徒，是因为老师掌握了高明的教学技巧，再加上学生的领悟力高，才一拍即合，师徒双赢，众人称许。孔子是至圣先师，当然是名师。颜渊的领悟力特别好，所以，孔子也乐得教。《公冶长篇》中记述，**子谓子贡曰："汝与回也孰愈？"对曰："赐也何敢望回？回也闻一以知十；赐也闻一以知二。"子曰："弗如也，吾与女弗如也。"**

人最好有自知之明，才不至于骄傲自大。孔子问子贡和颜渊谁比较好，用意并不是鼓励子贡和别人比来比去。因为最好同自己比，不要和别人比。只要自己能不断求取进步，根本用不着和别人比。孔子的用意，在于唤起子贡的自知之明，使子贡明白自己的优点和缺失，做好正确的自我评鉴。孔子为了安慰子贡，说自己在这方面也不如颜渊。孔子的话，一方面嘉许子贡诚实做出评比；一方面给了子贡很大的面子。

既然子贡如此诚实，等于给了孔子很大的面子，孔子也应该礼尚往来，还给子贡一个大面子。想想看，如果子贡回答，"我和颜渊各有所长，也各有缺失，用不着比来比去"，就表现出了对老师的不尊敬，那孔子又有什么办法呢？

孔子不可能对任何人都提出类似的问题，因为身份、地位不一样，有些问题是不能随便问的。孔子有把握子贡不会当面顶撞他，才放心问这样的问题。

颜渊是连老师都自叹不如的好弟子，颜渊由此也更加鞭策自己，不敢停下脚步。《子罕篇》中记载，子谓颜渊，"曰：惜乎！吾见其进也，未见其止也。"孔子以这番话追念并赞许，颜渊生前样样都用心学习，不断进步，从来没有停滞不前的优异表现。

《中庸》中记述，孔子称赞"回之为人也，择乎中庸。得一善，则拳拳服膺而弗失之矣。"译为白话文就是：颜渊选择中庸之道，每次体验时得到一个好处，就牢牢地记在心上，再也不让它失去。

孔子认识到当时的教学风气普遍重视学生的言语、政事、文学传授，严重忽略了学生的品德修养。对此，他颇不以为然。《宪问篇》的"古之学者为己，今之学者为人"，便是孔子有感而发。

孔子主张修己安人，前者为己，后者为人。为己、为人，合起来看是好事，分开来想就不是那么回事了。为充实自己而学，只为求独善其身。为使别人知道而学，很容易徒有虚名，甚至于误人子弟，祸害社会。

理想的治学方式，应该是先为己，把自己好好充实起来，无论品德、言语、政事、文学，都能够兼顾。然后才为人，把自己所学，推广出来，为他人服务。

现代的学校教育已经形成了"升学第一，考试优先"的"盛况"。子女要听命于父母，父母想尽办法让子女上第一名的学校。父母对子女的生活技能与品德培养暂且搁置一旁，完全以文化课考试得高分为优先考量。这是很可怕的，因为这些刻意训练的考试高手们，将来或许是科学家、医师，也可能是政界的领导，他们如果品德修养不够好的话，那造成的祸害必定超过他们的专业贡献。

三、好好学习之后，再好好思虑

《卫灵公篇》中记载，子曰："吾尝终日不食，终夜不寝，以思；无益，不如学也。"这里所说的思，并非是思考从学习中得来的东西，而是苦苦思考以创造出一些新的东西。孔子认为人有上智、下愚之分，上智可以凭思考想出很多东西，下愚只能依赖多多学习，否则想个三天三夜，也不会想出什么名堂来。我们大多数人，既非上智，也不是下愚。我们是讲普通话的普通人，身为中人，先学习、多学习，好好学习之后，再好好思虑才是正途。

我们究竟要学习什么呢？我们要学习的正是古圣先贤不断思索的结果。将古圣先贤思索过的答案，拿来作自己的垫脚石，然后再加上自己的思虑，这总比欠缺根底去苦苦思考，却不重视学习更为有益。

《季氏篇》中记载，孔子说，"生而知之者，上也；学而知之者，次也；困而学之，又其次也；困而不学，民斯为下矣。"孔子的这番话是要勉励弟子努力向学。他说，有人天赋资质特别顶尖，仿佛生来就知道，称为"生知"。有人学了才知道，叫作"学知"。有人遭遇困难，觉得有必要而去苦学才知道的，便是"困知"。一旦知道了，都是学有所得的人。只要不断求取上进，那就是孟子说的"人皆可以为尧舜"。

比较糟糕的是，有人明明已经遇到了瓶颈，遇到了困难，还不想静下心来学习，还要走旁门左道。这种甘心愚蠢的人，当然是最下等的了。

生来就知道的人，是居于先天的智力超群之人。学而知之和困而学之，则属于后天的努力。天生聪明的，固然十分可喜。但值得我们互相勉励的，应该还是后天的学习。

明白事理，加强品德修养，是知的目的。如果学习的结果，不能让人明白事理，或者让人明白事理，却无法增进品德修养，我们就认为和没有学一样。

聪明的人，更加需要学习。因为一看就明白，往往只看到表面；一听就知道，常常只听到片面的道理。这种聪明反被聪明误的现象，令人惋惜，却时常出现。

《阳货篇》中记述，孔子说，"**好仁不好学，其蔽也愚；好知不好学，其蔽也荡；好信不好学，其蔽也贼；好直不好学，其蔽也绞；好勇不好学，其蔽也乱；好刚不好学，其蔽也狂。**"译为白话文就是：只喜好"仁"德却不好学，缺点是愚昧无知；只喜好聪明却不好学，缺点是放荡不羁；只喜好诚实却不好学，缺点是自己受害；只喜好率直却不好学，缺点是言行急切；只喜好勇敢却不好学，缺点是造成祸乱；只喜好刚强却不好学，缺点是胆大狂妄。

仁德、聪明、诚实、率直、勇敢、刚强，原本是六种值得赞扬的美德。若是具有这样的美德，便自以为是而不再好学，不重视学问思辨，那就容易造成愚昧无知、放荡不羁、让自己受害、言行急切、招惹祸乱、胆大狂妄的恶果，那就是可怕的六种弊病了。

有了美德，还需要学问思辨，也就是不断好学，这样才能保持中和的态度，不至于产生不良的"后遗症"。

美德固然让人赞赏，但也要有"度"的拿捏问题。"度"就是合理，怎样才算合理？这就要求我们必须学习尺度的拿捏。自谦与自卑、自尊与自大、爱护与姑息、智辩与强辩、忠告与诽谤、容忍与屈服、称赞与谄媚、负责与把持、合作与合污、坚忍与顽固、应变与取巧、自由与放纵，都需要好学、深思与明辨，因为在合理的情况下成就美德，而有意或无心过了度，美德就可能变质成为恶行。因此，动机和结果，最好都要兼顾。

《先进篇》中记述，子贡问老师，子张和子夏两人谁比较贤明？孔子回答"**师也过，商也不及**"。子贡说，那就是子张比较贤明了？孔子说"**过犹**

不及"。

子张才高意广，不免好高骛远，所以孔子认为有一些过分。子夏笃信谨守，难免开创不足，所以孔子说他不够贤明。子贡听了以后，觉得子张好像比子夏好一些，不料孔子却说过分和不够，都不合乎中庸之道，同样不好。

中庸之道，长久以来一直被扭曲、被误解，因而造成很大的后遗症，竟然引起若干人士的反感。实际上中庸便是合理。朱子说"无一事不合理即中庸"，这才是最为恰当的解释。凡事恰到好处，便是中庸，这有什么好反对的呢？

> 实际上中庸便是合理。

"过"与"不及"，不能用来判别优劣。子贡认为子张比较贤明，硬是认为"过"优于"不及"，所以孔子并不同意。"过"与"不及"，同样都不能收到预期的效果。孔子依据这种观点，才说出"过犹不及"。过不中，不及也不中。不中就是不合理。不合理，效果就不好，所以两者是一样的。

《子张篇》中记载，**子夏曰："日知其所亡，月无忘其所能，可谓好学也已矣。"**子夏认为每天求取一些未知的，每月温习一下已学会的，就可以说是好学了。子夏说这种话，十分恰当。他将"好学"定义为"日知其所亡"与"月无忘其所能"，合起来正是老师所教导的"温故而知新"。

《论语》所说的学习，比较重视智能的开启。因为智能若能被启发，就是我们俗称的开窍了。开窍以后，所学知识愈多，领悟就愈深，当然就愈有用。

反过来说，智慧没有开发，知识学得愈多，心灵便愈受到限制。学得的知识不能活用，就是我们所说的读死书，就成了书呆子。智慧若开启，就可以举一反三，旁征博引，就是活学活用。

四、诲人不倦，也要配合可造之才

《述天篇》中记述，孔子特别讲到启发智慧的重要性，"**不愤不启，不悱不发；举一隅不以三隅反，则不复也**"。译为白话文就是：没有到达心里想求却不得其门而入的时候，我不会去开导他；没有达到想说却说不出来的时候，我不会去启发他。如果提示他一种道理，却不能推想到其他类似的道理，我就不再教导他了。

孔子说得很明白，不想学的人，是教不了的。不用心的人，是学不到东西的；不能举一反三的人，是想不通道理的。

孔子的有教无类，是指给学生提供学习的机会。并不是大家都学习同样的课程，保持同样的态度，采取同样的教学方式。他不认为单方面的教导，可以把人教会。因为学的人若不能配合，教学的效果不可能良好。

心里想求明白，却找不到门路，这时候点他一下，替他打开一扇门，或者把他引进门来，然后就应该放手让他自己去学习。想说而说不出来，趁机开导一下，让他继续尝试，逐渐突破难关。对于过于依赖的人，给他一些教训，促使他自动学习。孔子教导弟子自动自发地学习，才是最为高明、有效的教学。

诲人不倦，也要配合可造之才。否则怎么教都没效果，反而会造成不必要的学习障碍。凡事一定要热心，但千万不要太过热心，教学也不例外。

正方形有四个角，大同小异。教了一个角，还要把其余三个角也逐一说明，未免太轻视学生的领悟能力。这会让学生养成高度的依赖性，对学生非常不利。

培养学生自动学习的精神，是教师的主要责任。教给学生一大堆知识，不如教给学生学习方法，使学生养成自学习惯。

孔子勉励弟子勤学，他自己就是好榜样。《述天篇》中有**子曰："我非生而知之者，好古，敏以求之者也。"**孔子明确告诉学生：我不是生下来就知道许多道理的人，而是喜好古代的文化和制度，勤快求学而得来的。

生下来就有的，是智慧，如果后天不好好开发，也没有什么作用。知识都是后天学习而得的，不可能来自先天的遗传。孔子首先指出，他不是天生就知道很多学问，不是一般人所羡慕的先知。他是爱好古人所遗留下来的文与物，以古人为师，自己勤勉学习，才有一些心得。

孔子认为他的人生智慧，得好古敏求。既不求神助，也不依赖他力，所以能够发愤忘食，乐以忘忧，不知老之将至。他的求学之路称不上幸运，也无所谓不幸，这是一条人人都可以走得通的大道。

一切靠自己，不要老是想着求神求人。自己的学问自己求，求到了别人也拿不走。自己的智慧自己开，如果遇有高人指点，当然最好。但是指点之后，仍须自己努力。

无论任何人，都不可自恃聪明，以免聪明反被聪明误。世间没有不学自然会的事情，多学多想、多看多做，这都是自己的事情，别人代替不了。

我们是不是真正的先知，自己并没有能力判断。若把先知的话当作参考，还是要自己亲身去印证。因为有些经得起检验，有些经不起检验，我们自己要小心谨慎，不可乱信。

> 无论任何人，都不可自恃聪明，以免聪明反被聪明误。

《泰伯篇》中记载，**子曰："学如不及，犹恐失之。"**孔子以自己勤学的心态训勉学生不能稍有懈怠。

在知识爆炸的现代社会，我们真的来不及什么都学习。慎选信息，成为了现代人的首要任务。学错了、学到错误的信息，岂非得不偿失？孔子的时代，光阴似箭，一去不复返。我们必须珍惜光阴，把握宝贵的时间，用来好好学习。浪费时间，是人生最大的损失。

没有选择"不学什么"的现象，反而是机会难得，所以必须抱着来不及的心情，全力以赴。

人有记忆的能力，也有遗忘的特性。过目不忘，不过是少数人的专长。要想记得长久，必须学了之后，赶快付诸实践。早日养成习惯，自然忘不了。

光阴似箭，一去不复返。我们必须珍惜光阴，把握宝贵的时间，用来好好学习。浪费时间，是人生最大的损失。

学到有用的东西，要赶快在实际生活中应用，并及早养成习惯，以免学了又忘掉，等于没有学。

旧有的知识，经过了长时间的考验。新知识和旧有的知识，如果有严重的抵触，最好细心比较，不可轻率丢弃旧有的知识，也不可轻信新知识。

事君尽礼，人以为谄

——不要总是埋怨别人，先看自己是否合理

毫无疑问，孔子最重礼教，也最懂得在不同的场合、面对具有不同身份的对象应该遵守的礼节。《八佾篇》中记载，有人讥笑孔子"**入大庙，每事问**"，怀疑他不知礼，孔子听到后说，"**是礼也**"。孔子凡事谨慎，进入周公庙，不懂的就问，因为孔子认为这才是礼！

一、礼是人格养成的重要环节

西方人遇到不懂的事情，大多会直接提问。中国人则不习惯当众提出问题，深恐被人取笑。我们喜欢私底下请教，以免出丑。我们从孔子"入大庙，每事问"的态度，可以反省一下，到底怎样提问才比较合适？

我们依据孔子"无可无不可"的原则，采取有时候当众提出问题，有时候私底下请教的变通方式，因时、因地、因人、因事而有所不同。

但是，这种好问的精神，则是必须的。只听不问，很可能是学而不思，岂不是受制于人而不能自主？

多问，才能彻底了解事情的真相；多问，才能清除自己的疑惑；多问，才能明白问题的症结所在。孔子这种好问的精神，值得效仿。

请教人家，是一种礼貌，表示尊重的意思。所以提问的时候，一定要秉持恭敬的心，用诚恳的态度，加上谦虚的口吻，人家才乐意回答。

孔子的格局非比寻常，他头脑十分清楚，并能掌握各项礼仪的真实意义。《八佾篇》载有，**子贡欲去告朔之饩羊。子曰："赐也！尔爱其羊，我爱其礼。"** 译为白话文就是：子贡看到当时周天子政令不行，以至于每月初一的告朔礼，以及当天所供奉的饩羊，都空有形式，所以打算废止。孔子说，赐啊！你爱惜羊只，我却重视礼制。

孔子和子贡一样，舍不得把羊拿来宰杀。他知道礼和羊对于人们的重要性，前者属于精神层面，后者则偏重物质层面。他是通过礼与羊的对比指出，人们需要良好的政治，以求安居乐业。他有感于当时的政令不能实施，期望借着爱礼的说辞，来唤醒大家复兴王政的意识。在这种心态下，判断礼制和羊只相比孰重孰轻，子贡自然会有所领悟。

形式的东西，当然应该废除。但若通过外在形式，能引起大家的关注并使其恢复原有的作用，那就应该暂时保留。格局大的人，往往能够看得长远，也看得深入。孔子不但看到羊只，更注意到了政令的施行。这种大格局的宏观态度，值得我们学习。

做一件事情，不能因为目标不能达成，便半途而废。反而应该想办法以达成目标。从根本上设想，才是深远、周全的做法。

《八佾篇》第十二章有，祭如在，祭神如神在。子曰："吾不与祭，如不祭。"孔子说明祭礼与拜神重在诚敬，就如同祖先与神真的就在眼前一般。如果没能亲自参与，虽然有人代劳，还是等同未曾祭拜。

孔子对神明的态度，应该是"信之即有，不信即无"。"如"这个字用得十分传神，好像"有"又好像"没有"，完全由拜祭的人来决定。既然"有"或"无"由拜祭的人做主，要拜祭就要把神明当作真的存在，不可轻忽、怠慢。所以亲自拜祭，才有意义。委托他人代拜，不如不祭。孔子敬鬼神的态度，值得我们深思。

祭祀时，我们把神创造出来。在我们虔敬的心中，神也好像在我们面前显现出来。人的精神和神的精神互相感应，彼此沟通，便是我们常说的天人合一。

在天人合一的情境中，人就是主体，可以祭也可以不祭。既然要祭，就必须亲自参与，以表示尊重。不然的话，和不祭是一样的，不可能产生感应。

孔子肯定现世的人生价值，认为当下的世界，可供我们安身立命，用不着另外去寻找极乐世界。既然如此，就不必寄托有什么超越现实的力量，也就不必信仰奇迹般的神事。

祭祀时，我们把神创造出来。在我们虔敬的心中，神也好像在我们面前显现出来。人的精神和神的精神互相感应，彼此沟通，便是我们常说的天人合一。

然而大部分人，觉得人的力量有限。难免在无奈或无助的时候，祈求获得神的助力。这时候透过拜祭，与上天、祖先或鬼神，做出适当的沟通，也未尝不可。

不能把拜祭当作利用鬼神的工具。自己不努力，却把成功的希望寄托在鬼神身上，这是不可能的事情。

西方人独尊上帝，他们的宗教信仰也主导了其政治体制、历史、文化。儒家则推崇我们自己的祖先、圣贤、名师，乃至于现实存在的众人、万物，对于宇宙一体、人类一家，做出了更深一层的领悟。

二、令人舒适的不是礼节，是拥有礼节的人

《八佾篇》四章记载，林放问礼之本。子曰："大哉问！礼，与其奢也，宁俭。丧，与其易也，宁戚。"孔子主张，一般的礼，与其过于奢侈，宁可俭朴些。丧礼，与其只重视外表的形式，宁可内心哀戚，流露真实的感情。

礼是立身治国的要务，可以说是看得见的义，也就是内在的义表现于外在的样式。礼和义的功能相同，都是把道、德、仁规范在合理的范围，以免产生弊端。

至于礼的根本，孔子认为是俭和戚。在礼节上，宁可俭省，不宜奢侈。在丧事上，宁可哀戚，不应该注重形式而无哀痛的心。这里所说的礼，指的是社会风俗，大家所重视与所实行的、大致上都是表面的礼节。所以孔子特别就礼、丧两方面，来加以规范。

礼与义互为表里，根本分不开。有礼的地方，必须有义。所有的礼，都应该合乎义的要求。因此，礼义并称，这意在提醒我们，礼节必须合理。

礼是形于外的部分，义为诚于内的部分。可见，行礼必须具有诚意，否则徒有形式，缺乏实质的意义，那就叫作虚伪、造作。

孔子一向主张遵从周代的礼制，《八佾篇》有子曰："周监于二代，郁郁乎文哉，吾从周"。孔子认为周代的礼制，参考夏、商二代而加以修改，礼制文物美盛极了！

> 礼是形于外的部分，义为诚于内的部分。可见，行礼必须具有诚意，否则徒有形式，缺乏实质的意义，那就叫作虚伪、造作。

《论语》是研究人的学问，处处在提醒我们，要发掘人潜在的良知、善性。孔子所推崇的周礼，重点在于培养人恭敬的心，以尊重他人、尊重工作。

礼制的内容十分广泛。对人称为礼貌，对事叫作礼仪，使用的器物便是礼器，所表现的政治、社会制度，才叫作礼制。可见，一切和人有关系的事物，都和礼息息相关，也都是礼的精神表现。

在日常生活当中，我们时时刻刻都离不开礼。然而守礼的一个基本原则便是"敬"。虔诚、崇敬，自然知礼、合乎礼制。

在同篇第九章中记载，"夏礼，吾能言之，杞不足征也。殷礼，吾能言之，宋不足征也。文献不足故也。足，则吾能征之矣。"译为白话文就是：夏代的礼制，我能说出个大概来，可惜杞国保存的史料不足以证明。商代的礼制，我也能说出个大概，可惜宋国保存的史料也不足以证明。因为两国的典籍与贤者不足，如果充足，便能证实我所说的。

历史是人的行为表现，但若时过境迁，很难复原真实的面貌。所以明确保存和记载史料十分重要。若是史料不足，只好凭借回忆以求过去事实在心灵中重现。但是一涉及回忆，就很难避免主观或成见，并夹杂很多感受和情绪。所以需要求助于贤人，因为贤人能够大公无私地将记忆中的事实，翔实地说明，以补史料的不足。

当时，夏礼和殷礼史料不足，而可资征询的贤人又不多，所以只能够知道大概的情形。

历史的时间是连续的，从过去到现在而趋向未来。今日的历史，是过去经验的积累、演变和发展的结果，并且将会持续下去，使我们能推知未来的可能性演变。

历史的时间是连续的，从过去到现在而趋向未来。

中国最古的史书是《尚书》，内容大都为古代策命告示的原文，是研究古代政治思想的唯一宝典。司马光[1]说："尚书者，二帝三王嘉言要道尽在其中，为政之成规，稽古之先务也。"二帝指唐帝尧与虞帝舜，三王则为夏、商、周的开国君主禹、汤与周文王。《史记·孔子世家》说《尚书》为孔子所编定，并成了弟子们很重要的教材。孔子治学审慎严谨，"信以传信，疑以传疑""知之为知之，不知为不知"，有不少文字还仔细润色修饰，我们研究孔子学说，这部书应多加留意。

---

[1] 司马光，北宋时期政治家、史学家、文学家。

三、最好的社交不是请客吃饭，而是以礼相待

在《八佾篇》第十九章中记载，鲁定公问孔子，**"君使臣，臣事君，如之何？"** 孔子回答说，**"君使臣以礼，臣事君以忠。"**

鲁定公在位时，孔子担任过司寇，鲁定公问他君臣相处的道理。他回答这两句话时明显地表现出自己的恭敬之心。孔子的基本主张，是君臣以道义相结合。双方的态度，都必须合乎义的要求。君与臣在职务上，固然有统属的关系。但是在人格上是平等的，应该互相尊重。君对臣有信心，相信他们能够各安其位而又各尽其责，所以待之以礼。臣对君信任，相信他会公正地照顾全体，不至于自私自利，存有伤害臣民的恶意，所以事之以忠。

君臣的关系，和父子不同。父子是天生自然的关系，没有分或合的自由。君臣是自由的结合，具有合则留、不合则去的弹性选择空间。

君有君的职责，即全面照顾臣民。如果是这样的君，臣应该对他尽忠。否则就是对不起自己，对不起天下人。如果君不是这样，臣应该设法退隐，而不是只领薪水，不好好做事。

在现代社会中，君臣变成上司与下属。彼此的互动原则，依然是上使下以礼，下事上以忠。孔子当年所提倡的，仍旧可以使用。上司关怀、照顾下属，下属对上司尽忠职守。否则的话，彼此丧失信心，就会引起信任危机，而难以配合。

孔子的主张并不是人人都能听得进去，即使遵照孔子的说法去做，也未必就能获得认同。《八佾篇》中有**子曰："事君尽礼，人以为谄也。"**

有一些人，自己做不到的事情，也不希望别人做到。因此常以负面的思维、有色的眼光，来扭曲、讥讽、丑化别人的行为。故意将正当的说成邪曲

的，把好的说成坏的，把善的说成恶的，把对的说成错的。孔子希望我们能明辨是非，谨守本分，把自己的分内工作做好，不要受到这些不好的影响。

只要自己做得正当，就不要担心别人说闲话。人家的闲言闲语，不可以让我们放弃本分。只要问心无愧，知道自己是尽礼而不是谄媚，就用不着向人家解释，以免愈描愈黑——明明是真的，却被当作假的。"日久见人心"，日子久了，人家自然会明白。

如果是自己招人妒忌，才被他人故意批评，就应该反求诸己，想想为什么会发生这样的事情？因为惹人妒忌，自己多少也有一些责任。我们不如先修正自己的言行，不必计较他人是怎样批评。

同篇第二十六章有，**子曰："居上不宽，为礼不敬，临丧不哀，吾何以观之哉！"**孔子认为，在上位的人要有宽宏的肚量，行礼时要恭敬，吊祭时要表现出哀伤，这样才能让人敬重。

在企业管理中，上司如果没有宽宏的肚量，下面的人就不能尽心尽力。唯恐做多了惹上司怀疑；做少了，令上司生气；做好了，使上司妒忌；做坏了，使上司恼怒。下面的人不肯做、不敢做、不多做，和居上位的人，有十分密切的关系。

居上位的人，行礼时缺乏敬意，便是骄横的表现。参与丧礼时，没有哀戚的心情，还要趁机摆摆架子，这样的居上位者，有什么可取的地方呢？大家表面上应付他，实际上是不敢领教他呀！

如果在场的数你地位最高，这时候你就是居上位的人。我们中国人在这一方面，是机动的、有弹性的。反正比来比去，在任何场合，都有一个人地位最高，就应该及时扮演居上位的角色。

既然居上位的不一定永远就是老大。随时有人会加入，大家又要重新评比。那么，人人都要培养高度的警觉性，及时调整自己的角色。

《里仁篇》中记载，子曰："**能以礼让为国乎，何有？不能以礼让为国，如礼何？**"孔子认为礼让是治国的根本。政治的目的，在于为人民服务。从政的人，最好具有礼让的意识，把位子让给最合适的人。让合适的人来做合适的事，这便是礼让的道理。若自己就是合适的人，也应该以身作则，在平时的工作中发扬礼让的精神，使大家减少争端，促进和谐。

实际上，所有的人都应该礼让。凡事不争先恐后，多替别人想想，不要专注于表面的礼仪，要尊敬自然的天地、孝敬祖先父母、尊重社会的历史与人文，并且遵循约定俗成的人情世故。如此，才会把礼的实质意义，充分呈现出来。

然而，礼让也是有条件的，并不是一切都应该礼让。《卫灵公篇》记载，子曰："**当仁不让于师**"。孔子主张倘若为了仁义，虽然面对着自己的师长，也应该据理力争，不可以礼让。

> 礼让的根本，在于重视恕道。一方面『己所不欲，勿施于人』，一方面还要进一步做到『不独亲其亲，不独子其子』。

礼让的根本，在于重视恕道。一方面"己所不欲，勿施于人"，一方面还要进一步做到"不独亲其亲，不独子其子"。这种精神，在西方文化中很难看到。中国人最重视恕道，对世界的贡献，十分重大。

《学天篇》有子曰："**礼之用，和为贵；先王之道，斯为美，小大由之。有所不行，知和而和，不以礼节之，亦不可行也。**"译为白话文就是：礼的功用，以遇事做得恰当和顺为可贵。以前的圣明君主治理国家，最可贵的地方就在这里。他们做事，无论事大事小，都按这个原则去做。如遇到行不通的，仍一味地追求和顺，却并不用礼法去节制它，也是行不通的。

礼的后面，经常加上一个"节"字，称为"礼节"。推行"礼制"的目的是营造"和"，但是，却不可以为了"和"而破坏制度。

一个社会的传统习俗、所认可的善恶标准以及成员所形成的共同习惯，便是礼。礼对社会中各个分子的行为，具有很大的约束力，并构成大家共同遵守的社会秩序。但是，"礼"和"理"同音，似乎在提醒我们，礼也应该合理。"过与不及"的礼，都不能达成"和为贵"的要求。人与人相处，固然和为贵，但是和要和得合礼，也就是合理，才不致和稀泥，令人厌恶。

中华文化的精华，在"和""合"二字。和而能合，那就必须要求人人知所节制。凡事以合理为原则，才能够在和谐中寻求到密切的合作。

若是只知道和气，只求和谐，而不能用礼来节制，时间一久，便丧失了是非。这种和稀泥式的和，还不如不和。可见人人知礼、守礼，是和谐社会的必要基础。

《述天篇》中记述，陈国的司寇问孔子，"昭公知礼乎"，孔子说，"知礼"。孔子退出后，陈国的司寇向巫马期说，"吾闻君子不党，君子亦党乎；君取于吴为同姓，谓之吴孟子；君而知礼，孰不知礼"。巫马期后来转告老师，孔子说，"丘也幸，苟有过，人必知之"。

这一段记载的重点在孔子最后说的那一句话。孔子无意中袒护了鲁昭公的短处，被批评为犯了护短的过失。孔子知道了，十分坦然地接受了批评，还庆幸有人愿意明说，使他以后更加警惕。

> 一个社会的传统习俗、所认可的善恶标准以及成员所形成的共同习惯，便是礼。

> 中华文化的精华，在"和""合"二字。和而能合，那就必须要求人人知所节制。凡事以合理为原则，才能够在和谐中寻求到密切的合作。

人非圣贤，不可能完全不犯过失。孔子无意间为鲁昭公护短，说他是遵守礼法的君主，而这却引起陈国司寇的质疑。面对同样的情况，一般人大多恼羞成怒，或者采取强辩的态度，不肯认错。孔子却轻松地自嘲，别人都可以犯错，只有我不可以。

若是事实已经发生，最好像孔子这样，不一定正式地承认错误，却轻松地自我嘲笑，也算是一种认错。

《泰伯篇》中记载，子曰："兴于诗，立于礼，成于乐。"译为白话文就是：诗可以鼓励人心，兴起向善的意志；礼可以端正人的行为，使人坚持既定的原则；乐可以涵养性情，使人养成高尚的人格。

有了诗的激发，就会兴起向善的意志，但这时候需要秩序、规矩的约束，以求合理。对于既定的为人处世原则，我们必须坚定不移。为了调和紧张的情绪，以免固执、僵化而缺乏应有的弹性，音乐、艺术的陶冶，十分重要。同时，音乐、艺术的陶冶也可以使我们和谐、和合、和乐，成就高尚的人格。

诗善于表达情意，用来鼓舞大家向善，具有很大的感染力量。端正人心的诗歌，是移风易俗的有效方式。

> 外在的礼节，必须和内在的"仁"心相配合，才能够用来安身立命。

礼并不是一些束缚人的死条文，它需要真实的意义和价值。外在的礼节，必须和内在的"仁"心相配合，才能够用来安身立命。

乐以和谐为主，和礼一样，需要仁心来支撑。唯有道德心灵充实，各种艺术才能够尽善尽美，使大家心旷神怡，内心充满了喜悦。

《子罕篇》记载，子曰："麻冕，礼也，今也纯，俭，从众。拜下，礼也，今拜乎上，泰也。虽违众，吾从下。"译为白话文就是：礼帽用麻料来织，这是古礼；现在改用黑丝来织帽子，比起用麻织更为节省，我跟从大众的做法。臣子见君主先拜于堂下，然后登堂拜见，这也是古礼。现在一般臣子免除先拜于堂下，直接拜于堂上，态度傲慢。虽然违反大众，我还是主张在堂下行拜礼。

麻冕细密，织造起来相当困难，不如改用纯丝来织。后者比较节省，合乎俭的美德。孔子认为，这种合理的改变对礼的本意并没有妨碍，所以欣然接受。

臣对君行礼，应当先拜于堂下，等待君的谦辞，再登堂行礼——这是臣对君的恭敬，也是给君一个谦让的机会，以免使臣流于骄慢。现在臣子直接登堂礼拜，反而显得骄慢。孔子认为这样的改变并不合理，所以坚持遵守古礼。

改变不改变，并不是大问题。合理不合理，才是关键。我们讲求改变，目的在于制宜，因此必须合理。因人制宜、因事制宜、因时制宜、因地制宜，都必须制宜。

能不能制宜，判断的标准，最好是凭良心。除此之外，不但不可靠，而且很可能拿来推卸责任，搪塞一番。不盲从，必须凭良心，才不致标新立异，故意不合作。

合理的改变，随着大家走。不合理的改变，坚持走自己的路。一方面顺应潮流，一方面成为中流砥柱。两方面合在一起想，找出平衡点，才比较合理。

《宪问篇》中记载，**子曰："上好礼，则民易使也。"**人是群居动物，又各有不同的个性和习惯，称为个别差异。为了群体的和谐，大家必须守礼，并维持一定的秩序。这时候，居上位的人应该以身作则，成为大众的典范，使大家群起仿效，这对于政令的推行，应该十分有利。

"仁"是内在的道德修养，礼是外在的生活规范。言行不守礼法，便不是文明人。大家遵守秩序，才算是文明社会。

在上位的人，若是尊重法律，谨守秩序，老百姓自然有样学样，恭敬地接受命令、听从指使。这样的社会，当然和谐而安宁。

第十二讲

恂恂如也，似不能言

——说话要分场合，语言要有分寸

人不但要充实内在的善性价值，而且要表现外在的礼貌精神。所以，我们的言行，必须服从礼的指导，才能变成美言美行。所有美言美行，都应该配合不同的身份、场合，做出合理的调整。

一、说话要分场合，做事要分是非

国君派孔子接待宾客，孔子有任务在身，当然更讲究礼仪了。《乡党篇》第三章记载，**君召使摈，色勃如也，足躩如也。揖所与立，左右手，衣前后，襜如也。趋进，翼如也。宾退，必复命，曰："宾不顾矣。"**

鲁君召孔子去接待使臣宾客，孔子面色庄敬，走路脚步较快。他向两旁的人拱手行礼，有时左边，有时右边，衣服也随着身体前后飘动。他仪态端正而美好，像鸟儿舒展翅膀一般。宾客退了，他一定会向国君回报说，宾客已离去。

孔子主张正名，现代社会称之为合适的角色扮演，意思是做什么就应该像什么。接待宾客，有一套礼仪必须遵守。何况是接待国君的宾客，更应该注意守礼。

孔子对国君和宾客，都照应得恰到好处，他的仁心，使他的礼貌、仪态，更加自然亲切。孔子可以不答应国君接待宾客，既然答应，就应该做到恰如其分，使国君和宾客都觉得满意。所以他面色庄敬，脚步轻快，和平常不一样。而接待结束后，他适时向国君回报，表示工作告了一段落，这才是有始有终。可见，做事有头有尾，也是慎始善终的一种演练。

孔门弟子们在《论语》的《乡党篇》中记载了老师的仪容辞色、一动一静，实为孔子生活的写照。若我们详读之后，就会如览名画、如观电影，好像圣人就在我们眼前。

《乡党篇》第一章载，**孔子于乡党，恂恂如也，似不能言者。其在宗庙朝廷，便便言，唯谨尔。**译为白话文就是：孔子在自己乡里时，恭敬温和，好像不太会讲话的样子。而在祖先的庙堂或朝廷上，说话清楚明畅，只是处处保持着小心谨慎的态度。

我们比较喜欢有两把刷子的人，因为这样的人能够随时变通，因应各种不同的需要，并做出合理的调整。然而，装模作样和随机应变，大不相同。前者缺乏诚意，只是作表面功夫，很容易被识破；后者真心诚意，采取合理的因应态度，受人欢迎。

能说话的人应该怎样说，不会说话的人最好怎么说，都是必要的研究课题。一直说，说到大家很讨厌；完全不说，弄得大家产生误会，都很不好。

《乡党篇》第二章载，**朝与下大夫言，侃侃如也；与上大夫言，闿闿如也。君在，踧踖如也，与与如也。**译为白话文就是：孔子上朝廷时，和下大夫交谈，态度和气而快乐；和上大夫交谈，显出中正适度的样子。国君临朝时，孔子看起来恭敬而心中安和。

对上对下有所不同，才符合伦理的要求。孔子自己是下大夫，按照规矩在上朝时应该提早到达。和平行的下大夫同僚交谈时，可以就事论事，他就和气地表达看法。后来的上大夫到达时，孔子就显得十分严正，说话的语气也比较委婉，以表示尊敬。最后，国君来临了，孔子恭敬有礼，但是内心依然安和。

儒家重视礼的精神表现，对事讲求礼仪，对物讲求礼器，对人则讲求礼貌。至于政治社会制度，又有特殊的礼制。这些礼的教育，合称礼教。

我们常听说"礼教吃人"，便是礼过分僵化的结果。礼过分了，就使人备受束缚，反而不能安泰。所以礼节的意思，即是礼也应该受到合理的节制，不能过分要求。

真正的礼教，讲求的是内心真诚，自然表现出有我、有人的互相尊重，并非凭空设定一套死条文，来教人盲目遵守。所以，正确的做法是，先了解现行的礼节，力求适应，有了深刻的体会之后，再做出合理的调整。

《乡党篇》第四章记载，入公门，鞠躬如也，如不容。立不中门，行不履阈。过位，色勃如也，足躩如也，其言似不足者。摄齐升堂，鞠躬如也，屏气似不息者。出降一等，逞颜色，怡怡如也。没阶趋，翼如也。复其位，踧踖如也。

译为白话文就是：孔子进入朝廷大门的时候，恭敬、谨慎，好像自己没有容身之地一样。他不站在门中间，不踩在门槛上。经过国君的座位时，他面色庄严，走路脚步加快，好像说不出来话似的。他提起衣服下摆向堂上走，压低身子，屏声静气得像不用呼吸似的。他走出大堂，下一级台阶，脸色便舒缓一些，显示出和悦的样子。他下完台阶之后快步走，就像鸟儿伸展翅膀一样。他回到原来的位置，还是保持恭敬、慎重的样子。

现代有些人似乎不这样，在公共场合中，故意站在门中间，让他人不能通行；故意踩在门槛上，耽误他人出入；经过别人身边时，也慢吞吞地，好像不在乎干扰他人；上台阶时气呼呼地喘气，下台阶却很跑跑跳跳，这都是缺乏修养的不良表现。

进出门户时，我们要小心、迅速，一方面注意安全，不要碰触或跌倒；一方面要迅速走过，以免妨碍他人进出。老人常说，进出门户时，不能踩在门槛

礼节的意思，即是礼也应该受到合理的节制，不能过分要求。

上，以免招恶运。实际上也是为了安全考量，免得一脚踏上门槛，头顶撞上门框，发生意外伤害，这么说来也真的是恶运。

有人坐在那里，或者站着和别人说话，我们最好避开些，以免干扰他人。如果有经过的必要，必须绕道而行，或者快走通过，这也是必要的礼貌。我们对自己的起居行为，待人接物，都应该讲求礼貌。

同篇第五章载，**执圭，鞠躬如也，如不胜。上如揖，下如授，勃如战色，足蹜蹜如有循。享礼，有容色。私觌，愉愉如也**。译为白话文就是：孔子出使别的诸侯国，拿着国君授予的玉圭，一副恭敬、谨慎的样子，好像拿不动似的。他执圭高不过肩，低不下腰际，战战兢兢，看来有些畏惧，脚步很小，好像沿着一定道路走似的。在行享礼、献礼品时，他才出现了和畅的脸色。只有在以私人身份和外国的君臣会面时，孔子才恢复平日和悦的脸色。

孔子在出使他国的时候，拿着国君授予的玉圭，脸色庄严肃穆，言行举止谨慎恭敬，就好像手上的玉圭特别重，以至给人一种有些承受不起的感觉，这是表现他在外交上有教养的一种姿态，并不是说孔子就拿不稳了。他行礼时，举起的圭不高过肩膀；向下鞠躬时，不低于腰际，这都是隆重而不随便的表示。

典礼结束时，孔子容色舒畅，表现出完成任务的愉悦。他私下与人行私见礼，当然恢复了平日的样子。

每个时期，都有不一样的礼仪。在现代社会的各种场合中，也有一些特殊的规定。如果我们有机会参与，最好事先打听清楚，并遵照实施。遇有不方便的地方，也要事先说明。

礼仪的规定，必然有其缘故。如果有疑问，最好请教熟悉的人士，不要随便加以批评、擅自变更。入境随俗的意思是，来到不同的地方，最好遵照当地的风俗习惯，以免引起误会，造成不必要的伤害。

《乡党篇》第六章记述，孔子平日的穿着，大抵遵循当时、当地的习俗。孔子不会在穿着方面标新立异，也不会比别人更加考究。

衣着以俭朴、保暖、安全、卫生、方便、舒适为原则，任何奇装异服、名牌、华丽、奢侈，都实在没有必要。衣着最好配合季节的变化和当地的气候，还有自己的身份和职业的需要。以合理、合适、合法为宜。

在不同场合，穿不一样的衣服，以符合礼节的要求。如果有失礼的地方，要表示歉意，并尽早离开。

二、符合不同场合的礼节，源自于真诚

《乡党篇》第七章记述，**齐，必有明衣，布；齐必变食，居必迁坐**。译为白话文就是：孔子斋戒沐浴后，要换上明洁的、用布做的衣服。斋戒时一定要改变日常的饮食，不与妻室同房。这反映了孔子斋戒时，态度恭敬、谨慎。

斋戒是一种恭敬、谨慎的表示。要么不斋戒，若是认为有必要，就应该遵照礼俗，不得虚假或自行变更。

孔子主张敬鬼神而远之，除非重大事宜，否则不应该常问鬼神。他认为祭祀要定期，也是敬而远之的意思。

命在天也在我，祈祷自己便是向神明祈祷。凡事求神不如求人，求人不如求己。自己先好好检讨，思虑周全，尽力而为，才是正道。

凡事求神不如求人，求人不如求己。

第八章记载，**食不厌精，脍不厌细。食饐而餲，鱼馁而肉败，不食。色恶不食。臭恶不食。失饪不食。不时不食。割不正不食。不得其酱不食。肉虽多，不使胜食气。唯酒无量，不及乱。沽酒市脯不食。不撤姜食，不多食。祭于公，不宿肉。祭肉不出三日，出三日，不食之矣。食不语，寝不言。虽疏食**

莱羹，瓜祭，必齐如也。

译为白话文就是：米饭不嫌春得精白，肉不嫌切得细小。粮食放置过久变坏或变味就不吃，鱼类、肉类腐败了也不吃。食物跟平常的颜色不同、味道变了不吃，煮坏了不吃。不是正餐时间不吃。宰杀方式不当的肉不吃。没有适当的酱不吃。肉虽然多，不要吃肉比吃饭还多。喝酒依照酒量，不喝醉而惹事。街上售卖的酒、肉怕不干净也不吃。桌上生姜不可撤走，食物不可吃太多。其实，这反映了孔子如何节制饮食。

帮助国君祭祀，分回来的肉，当天就分送给人。祭肉不能留着超过三天，超过三天便不能吃了。吃的时候不交谈，睡的时候不讲话。虽然是粗饭、菜汤、瓜类，临到吃的时候也一定要先祭拜，而且要有诚意。

我们现在当然不可能，也不需要有那么多的讲究，但是我们要坐有坐相、睡有睡相，吃有吃相。太过难看，就不够体面。有碍观感，对自己的形象，也会产生不良影响。

饮食习惯，要用心调整。随着年龄的增长、健康状态的不同以及所处环境的变动，我们最好要及时调整，以求合宜。

第九章只有五个字：**席不正，不坐**。坐得正，对身体健康有助益。许多人喜欢斜着坐、跷腿、半躺半坐，这对健康是有害处的，大家最好及早改变。再说，坐得正，才不致影响别人，这也是一种良好的礼节。

有些人喜欢东倒西歪，甚至倚靠在别人身上，令人十分厌恶。我们最好把椅子放正，才就座。不要先坐下去，再来移动椅子。椅子放得不合适，最好顺手调整一下，使别人也能够安坐。

第十章记载，**乡人饮酒，杖者出，斯出矣；乡人傩，朝服而立于阼阶**。译为白话文就是：乡里举行饮酒礼的时候，等老人都离席了，孔子才离席。乡人举行傩礼驱鬼逐疫时，孔子就穿上礼服站在宗庙的东阶上。这反映了孔子居乡，事事守礼。

"居乡"在现代社会中被称为参与社区活动。在这种活动中，若是有老年人参加，应该先让老年人离开，年轻人才可以离去。我们参与各种活动时，要先搞清楚、弄明白自己应有的角色和位置，然后再依礼而行。

敬老尊贤，是一种美德。人人都会老，敬重老人便是看重自己。贤明的高士，往往都有很好的意见，如果加以尊重，他们就会自动说出来，这对社会非常有贡献。

不同的活动，有不一样的内容。我们要事先明白自己的角色，参与时把应有的角色扮演好，这样才会受大家欢迎。

对待能够服务的对象，我们要出钱出力。如果接受了他人的服务，就要表示谢意，给对方提供良好的反馈。

第十一章记载，**问人于他邦，再拜而送之。康子馈药，拜而受之，曰：**"**丘未达，不敢尝。**"译为白话文就是：孔子派人探访他邦友人，一定再拜，然后送他上路。季康子派人送药给孔子，孔子拜谢后接受，告诉使者，"我不完全明白这药的用法，不敢试服"。这反映了孔子与人交往，怀有真正的诚意。

拜送被指派的使者，是向所访问的人，表示敬意。看不起使者，实际上等于是看不起自己。

药是良药，同时也是恶药。服药之前必须明白药的性质和使用方法，否则随便服用，实在十分危险。

药品必须经过临床试验，证实有效，才能够问世。服用药品，应该问明药性和服用方法，以免误用而引起后遗症，反而遭受伤害。不要随便赠送他人药品，增加受赠人的困惑，使受赠人用也不是，不用也不是。若有必要送，最好征得受赠人的同意，才能赠药。

送礼并不是一件容易的事，必须衡量双方的身份、地位和交情，以及旁人的观感，做出合理的判断。否则礼虽送了，反而弄得双方都不愉快。

第十二章记载，**厩焚，子退朝，曰："伤人乎"，不问马**。这反映了孔子重视人命，爱物次之。孔子一向主张仁人爱物。两者中，人又重于物，这是以人为本的表现。假若马房失火，孔子问马而不问人，大家会有什么感受？关心马的安危，不应该优先于人，所以孔子暂时不问马。要问也可以，隔一会儿再问，急什么呢？

先人后动物，未必就以人为重而以动物为贱。对被询问的人，也是一种尊重。先后次序，最好不要颠倒。如果只问动物而不问人，便是有意侮辱，认为人不如动物。对被询问的人，也是一种不敬。在特殊情况下，可以询问，人和马有受伤吗？至少要人马并提。但是，先人后马，才能显得对人的关心，仍然高于对马。

第十三章记载，**君赐食，必正席先尝之。君赐腥，必熟而荐之。君赐生，必畜之。侍食于君，君祭，先饭。疾，君视之，东首，加朝服拖绅。君命召，不俟驾行矣**。译为白话文为：国君赏赐煮熟的食物，孔子必定将席位摆正，坐下来先吃。国君赏赐生肉，孔子必定煮熟，然后祭于祖先。国君赏赐牲畜，孔子必定要蓄养着。陪国君吃饭，在国君举行食祭时，孔子会先为国君尝饭。孔子卧病在床，国君来探视时，他头向东边卧着，身上盖着朝服，拖着大带。国君有命令召见，孔子不等待仆人备好马车，立刻动身前去应命。这反映了孔子对于国君的礼敬。

先吃长者和上者所赐的食物，是一种恭敬的态度。就算要和别人分享，也应该先吃一口，以表示赞美。祭拜祖先，按理要用熟食。所以生肉要先煮熟，才可以祭拜祖先。祭神，可以全猪全羊，这又当别论。

活的动物要饲养着，表示不忍心杀掉的意思。等待祭祀时再杀，则是在于实际的需要。

陪领导或长辈吃饭，要遵守一定的礼貌。领导或长辈来探视病情，也应该表现出敬谢。

对长辈、对平辈和对晚生后辈，各有不同的礼节，这是伦理的要求。做到合理的不平等，而不是一视同仁，没有上下之分。

古代流传下来的礼节，有很多已经发生很大的改变。我们不可能保持古礼，却应该明白本来的用意，以维系原有的精神，这才是继旧开新。

现代人不应该没大没小，因为对领导或长辈不尊重，他们就不愿意谆谆赐教，这容易让我们失去良好的学习机会。对领导或长辈有礼貌，并且时常汇报或请教，对自己有助益，我们千万不可错失良机。

第十四章载，**朋友死，无所归，曰："于我殡。"朋友之馈，虽车马；非祭肉，不拜**。译为白话文为：朋友死了，没有家人处理后事，孔子说，由我来料理一切丧葬事宜。朋友赠送礼品，即使是车马这样贵重的东西，他都不拜受，除非是祭肉，而拜后者表示敬重朋友的祖先。这些显示出孔子交友特重义气。

为朋友料理后事，是一种义气。不拜谢贵重的物品，是在于朋友之间有通财之义。至于接受祭肉时必须拜谢，则是表示感谢赠送的人，更感谢他的祖先。因为祭神之后，祭肉在情理上已经属于他的祖先，现在拿来分享，当然要拜谢。

为无主的尸体做丧事，在现代社会，也是一件善事。朋友死亡后，若是没有亲近的人主办丧事，出于友情，当然应该主动出来帮忙。

朋友赠送物品，并不一定不能拜谢。而是看交情、论关系，有时不谢比谢还要令人感动。因为大恩不言谢，对父母就不能言谢。若与朋友的交情如一家人时，也不必言谢。

朋友赠送的太贵重的礼品，原则上不能接受。如果可以接受，必然有特别的原因。这好像已经不是拜谢就可以表达内心的情愫了，反而不拜谢了。

三、家居生活，更需礼仪伴随

第十五章记载，*寝不尸，居不容。见齐衰者，虽狎必变。见冕者与瞽者，虽亵，必以貌。凶服者式之。式负版者。有盛馔，必变色而作。迅雷、风烈必变。*译为白话文为：睡觉时不挺直四肢像死尸一样，在家时不使自己严肃得像客人一样。看见穿丧服的人，即使是平日所熟识的，也一定要改变容色以示哀悼。见到戴礼帽的卿大夫和盲人，即使原本熟识，也一定要礼貌对待。坐车遇到穿丧服的人，身子向前倾，手扶车前横木以表示敬意。对手上拿着国家图籍的人也一样。朋友盛宴招待，必定要肃容起立对主人表示敬谢。遇打急雷、刮大风，必定变脸色表示不安。这反映了孔子居家生活时时诚敬、事事诚敬。

在不同场合，要有不同的态度。对不同的人，应该有不同的礼貌。就算在自己家里，也必须重视礼节，表现出合理的行为。

天气若有重大的改变，必须提高警觉，做出必要的因应，以预防灾祸。

睡有睡相。在客厅卧睡时，头部必须朝外，以免被误认为是死人。因为只有死人，才可以头在内而脚朝外地安放。

在家里，家人之间要有亲情。若是严肃得像客人一样，便会影响彼此之间的亲近，反而会引起家人的不安。

不论任何人，只要家有丧事，我们都应该表示哀悼。人死为大，生时的恩怨，都应该一笔勾销才好。

第十六章有：*升车，必正立，执绥。车中不内顾，不*

· 172 ·

疾言，不亲指。译为白话文为：上车时，必定端正站立，手拉上车的绳索。坐在车内时不回头看，不急速讲话，也不用手指东指西。

坐车有坐车的规矩，送客有送客的礼貌。孔子上车时，会先站好，拉紧上车的绳子。现代人叫作车未停妥，保持安全距离，不要乱动。车停稳了，再依序上车，勿争先恐后。坐在车内不要东张西望，好像在寻找什么东西，以免引起他人误会。车子启动后，说话要慢一些，这样人家才能听得清楚。不要随便举手指东指西，以免重心不稳而碰到他人，以免让自己晃动而发生意外。

等车的人，也必须遵守规则。在划定的等候线后面，按先后次序排队。不要贴近、碰触前面的人。不要插队，也不要并列排队。更不应该推举代表排队。公共秩序，是一个地方居民的修养表现，不可不注意，以免被外人贻笑。

上车时不要推挤。大家按顺序上车，既轻松、安全，又愉快。上车后，要礼让妇孺老幼以及行动不方便的人，让他们优先入座。在车内勿高声喧哗，饮食笑闹。

待车完全停稳后，再依序下车。安全下车后，迅速离开。不要挤在车门边，妨碍后面的人下车。

《乡党篇》记载，*色斯举矣，翔而后集。曰："山梁雌雉，时哉时哉！" 子路共之，三嗅而作*。译为白话文为：子路在山间桥梁上袭取一只雌雉，其他的雉惊骇飞起，在天空飞翔一圈又停在桥上。孔子责备子路说："你袭取桥上歇息的雌雉怎么算是得时宜啊？怎么是得时宜啊？"于是子路两手捧着雌雉放在地上，那雉鸟三次舒张羽翼，然后飞走了。这反映了孔子教导弟子要识时务。

做任何事情，适合的时机都是重要的因素。切合时机和情势，做起来就十分顺当。否则便是不识时务、有违时令。因为丧失了正当性，便成为了不正当的行为。

孔子有感于鸟能得其时，人却不得其时。子路没有这种警觉性，居然去袭取雌雉。孔子用"时哉，时哉"启发子路，要养成察言观色的习惯。看看当时的情况，是可为还是不可为。不应该想做就做，令人觉得不识时务。

任何一件事情，都不能离开时间和空间而单独存在。在特定的时空背景中，才具有意义和价值。时空一改变，对一件事情的观感和评价，也就会随之有所改变。

识时务者为俊杰，表示做人做事，最好要契合时机和情势的需要，为众人所欢迎。

察言观色，如果用来讨好、奉承或谄媚，那就是小人的行径。若是用以了解当时的气氛，判断是否可以采取那些行动，便是高度警觉性的表现。

识时务者为俊杰，表示做人做事，最好要契合时机和情势的需要，为众人所欢迎。否则不合时宜，引起大家的反感，势必会影响彼此的关系，也难以达成预期的效果。

第十三讲

获罪于天，无所祷也

——走对的路，做对的事

天是"正当道理"的代名词。尊敬上天，其实是遵守正当的道理。凡事遵循正道而行，便是敬天、顺天。做违反正当道理的事情，便是获罪于天，这时候再怎样虔诚拜祭，都是无效的。走对的道路，做对的事，一生坦荡，无所畏惧，内心充满光明和力量。

一、顺从本心，保持本真

《为政篇》中记述，**吾十有五而志于学；三十而立；四十而不惑；五十而知天命；六十而耳顺；七十而从心所欲，不逾矩**。译为白话文就是：孔子说，我十五岁时立志向学。三十岁时，能用学得的道理来立身行己。四十岁时，对自己所秉持的事理已不再困惑。五十岁时，能知道天命的道理。六十岁时，听到别人的话可以分辨真假与是非。七十岁以后，就算随心所欲也不致逾越法度。概括来说，这是孔子向弟子们述说自己为学进德的次序。

一个人的一生，能够循序渐进，持续地进步，是最为难得的成就。孔子这样的圣人，一路走来，能够如此平顺，值得我们学习。然而孔子所说的十五、三十、四十、五十等数字，不过是一种概略的叙述。各人都不相同，即为个别差异。人人都应自我反省，看看有什么需要调整、改善的地方，这才是孔子说这一番话的真正用意。

> 一个人的一生，能够循序渐进，持续地进步，是最为难得的成就。

从心所欲是有条件的，并不是每一个人都能够达到的境地。必须经过无数次的改善又改善，真正能够将喜怒哀乐都发而皆中，也就是表现到合理的程度，才可以从心所欲。我们应该把不逾矩当作从心所欲的必要条件。倘若逾矩，那就不可以从心所欲了。

人生是阶段性的调整，每一个阶段，都有不一样的努力目标。如果调整不过来，那就是过不了关卡。

年轻人想要随心所欲，须用心自律。请看看孔子这样的圣人，也要到七十岁才能够达到这种地步。如果我们能及时清醒，不在不合适的年纪做出这样的自我期许，应该是一件可喜的好事。

不惑已经很不容易，知道天命更加困难。要听得进去，又听得明白别人的话，真是非做到平心静气不可。大多数人，恐怕一生都修养不到这样的地步。

人是群居的动物，很难离群索居，所以人与人的互动十分频繁，人际关系的讲求也日益重要。在有很多时候，我们做很多事情都需要沟通、协调。我们要用心听懂别人讲的话，更要认真讲别人听得懂的话。如此一来，才容易建立双方的共识，使大家在和谐的气氛下，解决问题，共求进步。

孔子四十而不惑，所以弟子提出各自不同的问题，孔子都能够给予适切的解答。《为政篇》记载，子张请教求官职得俸禄的方法，孔子回答，"**多闻阙疑，慎言其余，则寡尤；多见阙殆，慎行其余，则寡悔；言寡尤，行寡悔，禄在其中矣**"。译为白话文就是：多听别人说道理，把可疑的地方先搁置一旁，其他的话要谨慎地去说，这样就可以减少过失；多看别人的作为，把觉得不妥的地方先搁置一旁，然后谨慎去做其他的行为，这样就可以减少悔恨。说话少过失、行事少后悔，禄位就在其中了。

人们在说话的时候，通常只能说出重点，无法说得十分周全，所以听话的人难免会产生疑惑。对于疑惑，最好先暂时搁置起来，等听完之后，再想想还有什么疑惑的地方。若有疑问，就找机会问清楚。若是做不到，就应该谨慎地去说，以减少过失。看见别人做事，有些地方看得懂，有些地方不明白，这时候要多看几次或者问清楚其中的道理。不能全盘接受，或完全加以否定。

要做到说话少犯错、做事少悔恨，必须从现在这一刻开始，养成谨言慎行的好习惯。而且每天要自我反省，不断改善。有机会还要多听、多看、多学习。想要多闻多见，就必须多多考证古今中外先贤与能者的宝贵经验。

要做到说话少犯错、做事少悔恨，必须从现在这一刻开始，养成谨言慎行的好习惯。

孔子这种慎上加慎的态度，既可以减少一个人自己后悔的概率，也能够减少对他人的责难，非常值得大家学习。

要不要追求禄位？要怎样求取？那是个人的选择，我们都应该加以尊重。但是孔子的主张，是"谋道不谋食"，以守住道义为先，不可以寡廉鲜耻去追求。求职是人人必经的过程，各人有各的遭遇，不能够同日而语。所以不必急于传授自己的经验，因为别人不一定用得上。但孔子"谋道不谋食"的要求，则是共通的，人人可用。

谨言慎行，并不限于求取官职。我们无论处于什么情况，从事什么活动，几乎都离不开这个应该遵守的法则。任何时候都应如此，千万不可大意。

二、人生要自己负责，命运由自己做主

《为政篇》记述，子张再问，十个朝代以后的事，可以预知吗？孔子回答，"殷因于夏礼，所损益可知也；周因于殷礼，所损益可知也；其或继周者，虽百世可知也"。

译为白话文是：殷代承袭夏代的礼制，其中废除和增加的内容是可以知道的；周代继承殷代的礼制，其中废除和增加的内容，也是可以知道的。那么以后如果有继承周朝的朝代，就是在一百代以后，也是可以预先知道的。"

在孔子的时代，由于大家尊重古礼的传承，不敢随便更改，所以才有这样

的说法。现代人则一心思变，大家都想通过求新求变，来表现自己的才能，所以孔子的这一段话，在现代社会印证起来特别难。

重视根本，不敢忘本，大家不敢乱变，也不方便求新求变。在这样的情况下，预测未来的变化，当然相对比较稳固。但在现代的社会中，变化迭代平凡，要推知未来的变化，实在很有风险。

由此可见，往昔算命、看相，可能比现在准实。因为社会变化缓慢，大家也会相信推算的结果，并充分配合，这当然会比较准。现代人一方面不相信、不配合，一方面社会变化频繁、未来难以预测，又怎么能较为合理精准呢？

> 一个人把自己修好，把观念端正之后，再努力实践就可以了。未来的变，实际上是可以由人来主导的。

变或不变，变得快或变得慢，变得好或变得坏，其实是人自己在做主。一个人把自己修好，把观念端正之后，再努力实践就可以了。未来的变，实际上是可以由人来主导的。

《八佾篇》中记述，有人问孔子对"禘祭"有什么看法？孔子回答，"**不知也，知其说者之于天下也，其如示诸斯乎**"。然而，孔子说这话时，用一只手指着另一手掌。

孔子说自己不明白"禘祭"的道理，到底是真的还是客气的推托？我们的看法，是两者都有。孔子主张重人事胜过重神事，依据"知之为知之，不知为不知"的原则，应该把"禘祭"，列入不知的范围，所以是真的。然而他的动作，用一只手指着另一手掌，说明他已经明白"禘祭"的道理。只是这样的事情，不方便对大众传播，以免造成混淆。说不定对特定的人士，孔子会详加说明的。

有些事情可以通过传播，让大家普遍地知道。有些事情实在不适宜这样做，以小众传播，慎选适合知的人和事，比较妥当。

对于神的了解，人各不同。各人有不同的感觉，就不适宜公开说明有关于神的事情。如果有必要，也应该适可而止，不必畅所欲言。

求神不如求人，所以神事不如人事来得重要。先把人事安排妥当，再来处理神事，才是正当的态度。

《八佾篇》中记述，卫大夫王孙贾问，与其谄媚房屋西南角的神，不如谄媚灶神，这是什么意思？孔子答道，"**不然，获罪于天，无所祷也**"。译为白话文就是：如果做事违背正当道理而得罪上天，到什么地方去祷告都是没有用的。

王孙贾是卫国的大夫，可能是觉得自己身份卑微，把自己比拟为灶神。他以"与其谄媚房屋西南角的神，不如谄媚灶神"来提醒孔子"尊神虽大，未必能造福家人；灶神虽卑，常能保佑家人"，希望孔子不要小看他。

孔子却乘机告诉大家，神的尊卑并不重要。祭拜的人，是不是遵守正当的道理才最要紧。若是违背正当道理，讨好什么样的神明，都是没有效果的。

对神谄媚，基本上已经扭曲了虔诚、敬重的本意。祈求神力的救援，也断绝了天人合一的感通，这是孔子"获罪于天，无所祷也"的精神。我们通常先拜天，后拜神，便是这种精神的具体实践。

万物都可能具有神性，这和万物有灵，或者万物都是能量的某种形态展现，是一样的道理。家里的灶神，也是人想象出来，或者说创造出来的。信与不信，完全由自己决定。

求神不如求人，所以神事不如人事来得重要。先把人事安排妥当，再来处理神事，才是正当的态度。

· 181 ·

三、以美妙的音乐修养自己，填满生命空白处

《八佾篇》第二十三章记载孔子告诉鲁国乐官有关音乐的道理："*乐其可知也。始作，翕如也。从之，纯如也，皦如也，绎如也。以成。*"译为白话文就是：音乐演奏的过程是可以知道的。刚开始演奏，各种音调翕翕相合；接着声音放开后，音调纯纯和谐，节奏皦皦分明，绎绎连绵不绝，于是整首乐曲完成了。

音乐的本质，应该是天地自然的节奏。我们透过音乐，可以化除天人的隔阂，消除物我的对立。从音乐的欢愉之中，自觉地产生无私的感情。而且音乐和礼仪互相配合，才能获得音乐教育的功效。

然而，现代有些音乐，过度强调感官刺激，并且把声色联结在一起，这种音乐不是孔子所赞赏的音乐。

这章虽没有以"鲁大师乐问孔子"开头，但应该也是鲁大师乐请教孔子，孔子才会对乐理作如此深切的解说。可见，孔子的音乐造诣让他成为了大欣赏家兼大批评家。

同篇第二十五章记载，*子谓《韶》*："*尽美矣，又尽善也。*"谓《武》："*尽美矣，未尽善也。*"孔子使用"善"字，大多和道德有关。善性就是美好的道德本性，所以善包含美，而比美更为重视道德。

虞舜和武王，都是孔子赞美的对象。但是相比较之下，虞舜时代的舞乐，其道德标准高于周武王时代。这正是孔子十分担忧的情况，因此做出这样的评比。

音乐重在和谐，和谐即是美。但是，音乐除了美之外，更应该追求道德心灵的善。唯有尽善尽美，才能显出音乐的最高精神。

在现代社会中，有些歌舞，只求美，不一定求善，这是需要改进的。艺术界的求新求变，要在善的方面，多加关注。

艺术界要怎样发展，我们不便置评，但至少我们可以先建立正确的欣赏标准，以筛选合适的音乐、舞蹈和各种相关的节目。

孔子曾告诉颜渊"乐则韶舞"。《韶》为舜乐的总名，韶舞有音乐、有舞蹈，有声有色，音容并茂。《礼记·乐记》说，"韶，继也"，意谓舜能继尧的美德，也称为大韶。

《述天篇》中记述，**子在齐闻《韶》，三月不知肉味，曰："不图为乐之至于斯也。"** 这里的"三月不知肉味"，并不是说孔子三个月都没吃到肉，而是说韶乐的美妙令人感动，连续三个月吃肉都感觉不到肉的滋味。

韶乐代表尧、舜的精神，充满了禅让的和乐。孔子沉醉在人我统一的和谐气氛中，感受到美妙的滋味自然胜于吃肉。

音乐不但要具备音律、歌舞这些外在的形式，更需要有内在的精神意涵。内外合一，才能够像韶舞那样尽善尽美。

人的生命深处，必须存有充实的艺术情感，才能够像孔子那样，陶醉在音乐中，听出音乐真正的内涵和价值。

《述天篇》第三十一章记述，**子与人歌而善，必使反之，而后和之。** 译为白话文就是：孔子同别人一起唱歌，如果人家唱得好，孔子一定请人家再唱一遍，自己再跟着唱一遍。

唱歌的目的，应该是激发人类心中最丰富、最深邃的精神生命，以期提升

> 音乐重在和谐，和谐即是美。

人类的高尚情操。具有这样的功能，才叫作正乐。我们通常所听到的，特别是现代的歌声，有很多是靡靡之音，并没有这样的作用。

大家能欣赏，也懂得欣赏，良好的歌者就自然会产生。若不能欣赏，也不懂得欣赏，歌者只想抓住机会，让自己炫耀一番，结果只会弄得好坏不分，也达不到乐教的目的。

如果有人唱得好，一定要把机会让给他，使大家大饱耳福，并从中获得和谐的教养。聆听优美的歌声，是心灵的享受。受到感动，在一旁合着唱，岂不是更好？

唱歌的时候，若是歌词和情感能相应，不需要丝毫的造作，真情也会自然流露。孔子认为遇到这种状况很难得，所以他会请歌者再唱一遍，自己也和声相应，享受其中的乐趣。

歌而善，便是正乐。唱得最好的，带头主唱，其余小声合应，大家在和谐中同乐，这是多么令人欢愉的时刻啊！

四、先把生活过好，再关心死后事

《先进篇》中记载，子路问怎样面对鬼神，孔子回答，"未能事人，焉能事鬼"。子路说，大胆请问人死了以后是怎么样的？孔子回答，"未知生，焉知死"。

"事鬼神"便是祭祀鬼神的意思。对于"事鬼神"，孔子当然有他的看法，但由于子路在孔子心目当中，还有没达到谈论这些事情的级别，所以孔子才会这样回答。

孔子与世俗的一般人一样，并不否定鬼神的存在。所不同的，他与鬼神保持着亦即亦离的微妙关系。他的先后次序十分明确，先生人后鬼神。先把现实生存方面的事情弄清楚，然后才探讨鬼神方面的事宜。

换成别人向孔子请教这样的问题，很可能获得不一样的答案。所以，我们不能够把这一段文字，当作通案看待。

生活得有意义，自然死得其所，也死而无憾。先把生活的意义做好，再来关心死后的事情，应该更加实际、具体、可行。

生与死是每一个人，都必须面对的事情，也是每一个人，都应该重视的课题。我们不能也不必逃避，最好能在死亡之前，能有比较合理的了解，以减少因无知而产生的恐慌。

祭祀是一件重要的事宜，当然要有研究的必要性。只要虔诚、恭敬，内心求感通，不必计较太多的仪式，依礼而行就好了。

人的生老病死，自己大概是很难管控的，所以我们遇上了常会祈求上苍保佑。《述天篇》记述，**子疾病，子路请祷。子曰："有诸？"子路对曰："有之。"《诔》曰："祷尔于上下神祇。"子曰："丘之祷久矣！"**

子路在老师生病时，请求代老师祈祷求福。孔子说自己早已祈祷过了。孔子这样回答，一方面是勉励弟子要随时自我省察而不要临时抱佛脚。另一方面，他也告诉弟子，祈祷必须自己祈祷才行，不能委托别人代行。

《子罕篇》中记述，**子疾病，子路使门人为臣。病间，曰："久矣哉，由之行诈也！无臣而为有臣，吾谁欺？欺天乎？且予与其死于臣之手也，无宁死于二三子之手乎！且予纵不得大葬，予死于道路乎？"**

译为白话文就是：孔子病重，子路派门人充当孔子的家臣，准备料理后事。孔子病稍微好些了便说，子路做这种诈伪的事，使我觉得很愧疚！我没有家臣，却假装有家臣，我骗谁呢？骗上天吗？而且我与其由家臣送终，倒不如由弟子们送终！纵使不能有卿、大夫的葬礼，难不成就没有人来料理我的丧事吗？

变通是应该的，变得离谱就是乱变，就是不应该的。子路的应变，没有顾虑孔子的身份和立场，以致变得不合理，所以受到孔子指责。孔子生平最重视诚信，也十分注重正名。孔子不喜欢造作，不希望世人觉得他违反礼制，不希望世人对他产生否言行不一致的疑惑。

由学生还是由家臣办理丧事？孔子当然选择前者，这并非是他有所偏好。实在是因为学生是真的学生，家臣是假的家臣。孔子一向讲求名正言顺，没有丝毫虚荣心。

子路是好心好意，他想让老师风光些，也没想到老师会不高兴，自己还被指责一番。孔子向来诚实不欺，不做任何越礼的事。子路的行为违反了孔子一贯的主张，使孔子觉得很愧疚。

> 将心比心、设身处地做事，才可能圆满。

我们面对许多不同的状况时，都需要谨慎处理。将心比心、设身处地做事，才可能圆满。子路跟随老师许多时日，竟然还不明白老师的一贯原则，又不事先征求老师的同意，终于弄巧成拙，好心做坏事，真是思虑不周到的不良后果。

孔子七十三岁卒，颜渊与子路已前卒。弟子皆服丧三年，三年满，相诀而去。弟子多异国之人，各持其国树前来，栽种在孔子墓旁，名曰孔林。今孔林面积四十余顷，古木茂密，蔚为大观。

《先进篇》第二十一章记述，子路问听到好道理，要立刻就去做吗？孔子回答，"有父兄在，如之何其闻斯行诸"？再有问同一问题，孔子则回答，"闻斯行之"。公西华①在一旁大胆请问老师为何有两个不同的回答，孔子

---

① 公西华，即公西赤，字子华，又称公西华，东周时期鲁国学者、孔子弟子，孔门七十二贤之一。

说，"求也退，故进之；由也兼人，故退之"。

孔子对弟子的个性非常了解，这样才有办法因材施教。对不同的弟子，他采取不同的教导方式。子路个性率直，遇事不知谦让，又逞强好胜，有时显得莽撞。所以孔子用父兄尚在，来加以压制，使他不要过分急躁。冉求的个性稍微软弱，至少不够勇敢，不能见义勇为。所以孔子告诉他，应该即知即行，明白道理立即付诸实践，以促使他勇往直前，不致令人失望。

孔子的因材施教就是针对不同弟子的不同性格特点，施以不同的教导。只有先了解弟子们不同的个性，才能够因材施教。因材施教适合每个人的个性，使每个人能得到合理的发展、获得不同的成就。从这个方面来讲，孔子实在是一位良师。

父母健在，不能够以性命相许，也不应该随便以金钱接济他人。做重大的事情，都必须先征得父母同意。父母不在时，应该衡量自己的情况，做出合理的盘算。既不要懦弱，也不要鲁莽。凡事尽力而为，不宜过分勉强。

《宪问篇》中记述，**子路问事君。子曰："勿欺也，而犯之。"**君臣的关系，应该建立在道义的基础上。以道事君，才是为臣的正道。对于现代职场人来说，不能欺骗上司，要使上司了解实际情况，以便做出合理决策。若是有所偏失，下属必须忠言劝谏，并据理力争。就算稍有冒犯，也是应该的。

下属偶尔敢于冒犯上司，正是不患得患失的良好表现。但是在表达的技巧上，仍然要随时注意礼节和诚恳，以求上司听得入耳。

如果下属一味忍气吞声，不敢稍有冒犯，其实也是一种虚假的忠诚。上司最好明察，以免被这种虚忠的下属所蒙骗。

俗话说，"伴君如伴虎"，意谓在皇帝身边，即使是得宠的人，随时也可能会冒犯、触怒了皇上，出现性命不保的情况。现代职场中的老板，同样也可以随时要员工走人。所以，作为干部，即使长期受到老板的赏识与任用，也不能熟而无礼。最好还是顺从老板的意旨，不得不提出异议时，一定要注意表达的方式，让老板有台阶可下且欣然接受。

《里仁篇》记载，子游曰："事君数，斯辱矣。朋友数，斯疏矣。"译为白话文就是：侍奉国君过于急切，会招致侮辱。对待朋友过于急切，会被疏远。

和上司相处，希望获得赏识和奖励，应该是人之常情。但若是态度上表现得太急切，很可能会引起上司的反感，甚至会招来侮辱，这也是自作自受，怪不得上司。和朋友相聚，十分急切地想要得到什么东西，很可能会引起朋友的恐惧，使之纷纷逃避，不愿意再交往。可见，无论和上司还是和朋友来往，保持适可而止的分寸，应该是合理的。

人与人之间，由于个别差异的缘故，难免会有一些差异。如果想要缩小差异，取得共识，双方必定要平心静气。只有各自稍微让步，才可能达成共识。需要警惕的是，在研商过程中，若有一方过于急切，就会引起对方的惊慌、恐惧，导致谈不下去了！

人与人之间的互动，最要紧的是两相情愿。双方都应该有互动意愿才可以互动，不能有任何逼迫、威胁和恐吓。当然，志不同，道不合是不能勉强互动的。

出于伦理的要求，下属对上司至少要礼让三分，他们之间不能够平起平坐，不能完全没有上下的区隔。朋友之间，也要有长幼之分，对年长的、声望较高的，我们最好特别表示敬重。

人与人之间的关系，该如何建立？如何发展？如何良性互动？应该是大家共同关注的课题。我们最好在人际关系方面，多费一些心力和时间，使自己知道拿捏分寸，增加互动效果。

己立立人，己达达人

——如果你想快乐，那就要先让他人快乐

一个人在追求自身目标的同时，也应考虑到并帮助他人实现他们的目标。这是儒家思想中"仁"的体现，强调的是一种推己及人的道德哲学，即个人在提升自己的同时，也应考虑到并助力他人的成长和成功。这种思想鼓励人们在生活中不仅关注自身，还要关注他人的福祉，倡导一种团队精神和对他人的关心与支持。

一、人品是一个人最大的才华

《先进篇》中记载，季子然①问，"仲由、冉求，可谓大臣与？"子曰："吾以子为异之问，曾由与求之问？所谓大臣者，以道事君，不可则止。今由与求也，可谓具臣矣。"曰："然则从之者与？"子曰："弑父与君，亦不从也。"

孔子认为，能够以道事君，才有资格称为大臣，否则只能算是备位充数的臣子。

君有义，臣才能以义相合。君如不义，臣便丧失了事君的意义。以道事君，主要在辅佐有义的君，使其名副其实。臣如果做不到，可以辞职。若有现实上的困难，不妨留任，做一个消极的具臣。无论如何，像弑父与弑君这样的事情，是为臣最起码的底线，绝对不能够服从。

君和臣的关系，并不是支配与服从、领导与隶属、反抗与压制的关系。君的任务，在承受天命，受民托付，来管理人民的事务。臣的职责，是辅佐君实现这种责任。

君臣都有义，当然最好。若君不义，臣应该求去。若臣不义，必然受到刑罚。君臣以义为重，是百姓的福气。

---

① 季子然，姬姓，中国春秋时期鲁国三桓之一季氏的族人。

要先看一个人的品德修养，再看才能，由此给予合适的职位，这种德本才末的评量标准，现代社会应该亟待恢复。

《颜渊篇》中记述，子张问明。子曰："浸润之谮，肤受之愬，不行焉。可谓明也已矣。浸润之谮，肤受之愬，不行焉，可谓远也已矣。"

子张请问怎样才算明察，孔子的回答译是，像水逐渐渗透的谗言，像切身之痛的诉冤，在他面前都会被识破而行不通，这可算明察了。像水逐渐渗透的谗言，像切身之痛的诉冤，在他面前行不通，也可算是见识深远了。

"明"是明察是非，"远"是明察得深入而长远。两者都是明，却显然有程度上的差别。孔子先说这样可以算作明察了，接着又指出"远"比"明察"更进一步、更深一层，简直是明察得更为透彻了。表示防止谗言和明辨冤情，实在并不容易。

谗言是陷害人的坏话，原本不是真的，可是一而再、再而三，说久了就会令人感觉好像是真的。如果不能明察，实在很容易受到蒙骗而吃亏上当，甚至会让他人受到伤害。

诉冤的人，没有不声泪俱下的，这令人十分感动也就信以为真。如果能够不为所动，也不为所误，那就是见识深远了。

我们把喜欢听小话的人，称为耳朵轻。表示很容易受人蒙骗，并容易产生错误的判断。一般人如此，尚且危害不大。具有权力、可以影响他人的人士，若是耳朵轻，害处就很大，不能不慎为防止。

传播谗言，有时出于恶意，有时则出于无心。但是所造成的伤害，却是相同的。所以用心明察，不传不实的信息，实在十分重要。

现代社会通信发达，信息的传播速度极为惊人。培养高度的警觉性和明察是非的能力，对每一个人来说，都很要紧。身为企业的管理者，更不能轻信他人。因为轻易相信片面之词而做出错误的判定，常会给企业造成重大的危机。

同篇第十章记载，**子张问崇德、辨惑。子曰："主忠信，徙义，崇德也。爱之欲其生，恶之欲其死。既欲其生，又欲其死，是惑也。"** 译为白话文就是：子张请问怎样培养高尚的品德，增加明辨疑惑的能力。孔子说，亲近忠信的人，使自己的行为趋向于道义，就是培养崇高的品德。喜爱一个人的时候就要他生，讨厌他的时候就要他死。既要他生又要他死，这就是迷惑。

崇德的意义，在明辨人和禽兽的不同。人有道德，而禽兽则无。有道德才有资格称为人。讲求忠信、主张正义的人，才算是正当君子。

一般人爱之欲其生，恶之欲其死。便是自己解不开的一种迷惑，充满了矛盾，却又纠缠不清。

"忠"表示尽心竭力，没有丝毫虚伪与不实。"忠"是德行的根本，崇尚道德，必须注意"忠"的修养功夫。待人忠厚、做事忠实，人际关系自然和谐、圆通、美满。

> 有道德才有资格称为人。讲求忠信、主张正义的人，才算是正当君子。

待人要忠，说话要信，事无大小都应该尽心竭力，把它做好。现代人应该有这样的观念，更应该发挥这样的精神。

把一件事处理得很适宜，便是"义"。"义"表示人与人交往的共同准则，可以说是行为的最高准则。我们读书明白道理，就应该使自己的行为合乎义的要求。

同篇第二十一章记载，**樊迟从游于舞雩之下，曰："敢问崇德、修慝、辨惑。"子曰："善哉问！先事后得，非崇德与？攻其恶，无攻人之恶，非修慝与？一朝之忿，忘其身，以及其亲，非惑与？"**

樊迟跟随孔子在舞雩台下游览，他问孔子，怎样培养崇高的品德，增加排除恶念与明辨迷惑的能力？孔子说，问得好！只做应该做的事，而不计较报酬，不就是培养崇高的品德吗？批评自己的过错，不去指责别人的过错，不就是排除自己的恶念吗？一旦发怒，忘了自己的安危甚至连累父母家属，这不就是迷惑吗？

一般人做事，只问喜欢不喜欢，不问应该不应该；只问可以获得多少报酬，不问能够产生多少价值。这样的人，怎么能提高品德修养呢？日趋堕落，是必然的结果。

有些人眼睛向外看，只看到别人的过错，不反省自己的缺失。在检讨的时候，尽量把过失推给别人。这样的人，当然无法排除恶念。

一生起气来，就不顾一切和别人拼命。不但自己会受到伤害，甚至于危及亲人。这样的表现，不正是迷惑吗？

> 崇德、修慝、辨惑是修养心性的主要项目。

崇德、修慝、辨惑是修养心性的主要项目。我们最好以先事后得、不忘自我反省、不要小不忍而乱大谋，来互相勉励，一起力争上游。做事时，不妨争先。有好处时，何妨礼让。初听起来好像很吃亏，其实不然，实施久了，成为习惯，就能真正领悟吃亏就是占便宜的道理。

我们要尽力减少自己的恶，这就等于增加自己的善。一切全在自己的一念之间，所以每次起心动念时，都应该悬崖勒马、及时修正。

二、善良的人一定会有好运气

《先进篇》记载，子张问善人之道。子曰："不践迹，亦不入于室。"译为白话文就是：善人如果不跟随前人的脚步去做，也不会进入圣人的境界。

善人虽然本质良好，但仍然需要学习，才能够成为真正的善人。先天的遗传虽然很重要，但是后天的学习，实在不可轻视。特别是向古圣先贤学习，循着他们的脚步，逐一实践，才可能成就良好的德行。

善人和圣人之间当然有一段距离。善人不一定能成为圣人，善人也有可能成为圣人，这完全看善人自己的努力。善人不断提升品德修养，当然有希望成为圣人。

孔子并没有告诉子张，怎么成为善人，他只是告诉子张，如果是善人，应该先追随先贤，使自己升堂入室，进入圣德的境界。

我们不妨先学习做善人，然后再努力成为圣人。即使不可能成为圣人，做一个善人，也可以聊以自慰。

《颜渊篇》第二十章记载，子张问："士何如斯可谓之达矣？"子曰："何哉，尔所谓达者？"子张对曰："在邦必闻，在家必闻。"子曰："是闻也，非达也。夫达也者，质直而好义，察言而观色，虑以下人，在邦必达，在家必达。夫闻也者，色取仁而行违，居之不疑。在邦必闻，在家必闻。"

译为白话文就是：子张问，一个士人要怎么做才算是通达呢？孔子说，你说的通达是什么意思？子张答，在诸侯的邦国，一定有名望，在卿、大夫的家，一定有名望。孔子说，这是名望，不是通达。通达的人本质正直、讲求道义，能剖析别人的言语、观察别人的脸色，总是谦让而处处居于人下，这样的人在邦国内必定通达，在卿、大夫家里，也必定通达。所谓有名望的人，可能只是表面上爱好"仁"德，行为上却并不如此，自己以"仁"者自居而不加疑惑，这种人在国内一定是骗取名望，在卿、大夫家里，也一定是骗取名望。

"闻"的意思，是让名声传播出去，让大家听得到。我们常说闻名世界或举世闻名，就是说有名声的人，连不相识的人都知道，也称为有名望的闻人。

"达"的意思，是通晓事理而且看开一切，这样的人很容易获得大家的协助而顺利做成他所想要做的事情。

> 我们不妨先学习做善人，然后再努力成为圣人。即使不可能成为圣人，做一个善人，也可以聊以自慰。

有名望的人，同样有阴有阳。也就是说，有真的便有假的，就好像君子那样，有真君子也有伪君子。名副其实的闻人，大多能够通达。名不副实也就是虚有其名的闻人，很快就会被揭露、被拆穿，被大家视为骗子。

人怕出名猪怕肥，因为猪肥了，很快就会被宰杀、食用。人出名了，就有很多人动脑筋，想要利用这个人的名声，来做一些不一定有利于社会的事情。比如，假借这个人的名头出售一些假冒或不好的货品，甚至进行诈骗。

> 愈有名望，愈需要谨慎小心，以免被他人利用。

愈有名望，愈需要谨慎小心，以免被他人利用。然而防不胜防，所以不能随便答应人家、不能随便接受人家的请托，不能未经查证便传达或传播某些讯息。

实至名归，才是安全的正道。没有达到一定的程度，便名闻社会，很可能会变成一种负担。这时候要赶紧充实自己，要格外小心、谦虚、礼让，这才是预防出丑的有效途径。

《宪问篇》记载，**宪问**①**耻。子曰："邦有道，谷；邦无道，谷，耻也。"** 孔子认为：国家太平时，只知谋取俸禄而没有建树；国家纷乱时，也只知谋取俸禄而不能独善其身，都是可耻的。

孔子当时很看不惯这两种无耻之徒。我们现在同样也看不起那些坐领干薪的官员。他们不认真处理公务，还要耍威风、摆架子，甚至争功诿过，毫无责任心。

俗话说，"人在衙门好修行"，这意谓公务人员与社会大众关系密切，如能方便民众，就是造福社会。各行各业的从业者只要凭良心，尽本分，守法、守纪，扮演好自己的角色，给人方便、利人利己，创造双赢、多赢，就都是修行。

---

① 宪问，姓原名宪，孔子的学生。

原宪接着再问，**"克、伐、怨、欲，不行焉，可以为仁矣"**，孔子回答，**"可以为难矣，仁则吾不知也"**。

原宪又问，能够克制好胜、自夸、怨恨、贪欲这四种毛病，可以算是"仁"者吗？孔子说，一个人不好胜、不自夸、不怨恨、不贪婪，已经十分不容易。但要成为"仁"者，还需要更多积极的修养。

好胜、自夸、怨恨、贪婪，可以说是一般人的通病。我们想成为"仁"人，势必要十分努力去除掉这些劣根性。不过，完全不好胜、丝毫不自夸、绝对不怨恨、一定不贪婪，我们根本不可能做到，因为我们都不是圣人。我们只要合理地加以克制自己，不过分，也就可以了。

合理的好胜，是自我激励的原动力。合理的自夸，是诚实对待自己的表现。合理的怨恨，才是不怨天、不尤人的着力点。合理的贪欲，也是努力奋斗的支撑力量。凡事正面思考就引导你迎向阳光，逆向思考就提示你要做好遮风挡雨的心理准备，都有各自的功能，都可以帮助我们稳健、成熟地长进。

> 合理的好胜，是自我激励的原动力。

三、只有道德上的良知，才具有共同性和普遍性

《公冶长篇》记载，**子贡问曰："赐也何如？"子曰："女器也。"曰："何器也？"曰："瑚琏也。"**

孔子认为子贡是一个有用的人，所以用瑚琏这样珍贵的礼器来形容他。孔子不是说"君子不器"吗？既然君子不能跟器具一样随人使用。为什么又把子贡比喻成器皿呢？难道他认为子贡不是君子吗？

在孔子的学生当中，子贡属于"半工半读"的性质。他一边经商，一边学习。由于见多识广，又能言善道，刚开始跟孔子学习时，偶尔还觉得孔子不如

他自己。后来才觉得孔子真的比自己高明，就愈来愈敬佩孔子。这一句话，是不是子贡在追随孔子学习的初期，孔子故意用来点醒他，我们不得而知。依常理推断，孔子这样说应该是提醒子贡虽是一个有用的人，但更应该加强品德修养，增加多方面的才艺。

我们深一层想就不难发现，这里所说的"器"应该是名词，而"君子不器"中的"器"是形容词，这两个"器"并不相同。"女器也"，可以解释为"你是有用的人才"，接着用"宗庙里贵重而华美的瑚琏"来比喻，不正前后吻合吗？

对一个人来说，拥有专业的技能当然十分重要，但是才德兼备，更为可贵。做学问最好要先通后专，再由专转通，然后由通而专，不断地扩展、精进，以提升整体的实力。

愈来愈多的人，只重视学习专业知能。一头钻进去之后，便再也爬不出来。一辈子生活在十分狭小的范围内，不但生活单调乏味，而且也做不出真正的学问。

> 先做一个有用的人，再使自己成为一个多才多艺的通才。

多和不同领域、不同行业的人士打交道，可以扩大自己的视野，听到不同的声音，使自己能够将心比心，灵活运用各种知能。

先做一个有用的人，再使自己成为一个多才多艺的通才。若哪一天遭遇变故，通才更有弹性，应变力更强，人生也能随遇而安。

同篇第十五章记载，**子贡问曰："孔文子①何以谓之文也？"子曰："敏而好学，不耻下问，是以谓之文也。"**

孔文子天资很高，能做事，又喜欢研究学问。像他这样的人，通常都自视

---

① 孔文子，名圉（yǔ），是卫国的大夫。

甚高，容易看不起他人。但是孔圉不是这样，他肯向身份、地位不如他的人请教，而且也不觉得没有面子，这实在十分难得。

自认为比别人聪明，就容易自满、自大。生活中常有这样自以为是的人，他们对他人提出的建议，常常不屑一顾，甚至不懂也不会向人家请教，因为这会让他们觉得没有面子。其实，这样下去，他们会愈来愈孤独、愈来愈固执。"人生如逆水行舟，不进则退"，这样的人终究会因为难以跟上时代而惨遭淘汰。

在现代社会中，"不耻下问"已经成为一种良好的修养。其实，隔行如隔山，人各有所长，哪里有什么耻不耻的问题？所以，"不耻下问"便是"虚心请教"。

"文"的意思是勤学好问。孔子把它们分开来说明，说成"聪敏好学"，加上"不耻下问"，这使我们更加明白孔文子的高贵品德。可见，孔文子凭这两个优点，追谥为"文"，是十分恰当的。

孔子在认可"谦虚好学"的内在美之后，还不断强调"仁"者的大爱。出自《公冶长》第十九章的一段文字记述了孔子对于"仁"者的讨论。

子张问曰："令尹子文，三仕为令尹，无喜色；三已之，无愠色。旧令尹之政，必以告新令尹。何如？"子曰："忠矣。"曰："仁矣乎？"曰："未知，焉得仁？"

"崔子弑齐君，陈文子有马十乘，弃而违之，至于他邦，则曰：'犹吾大夫崔子也。'违之。之一邦，则又曰：'犹吾大夫崔子也。'违之。何如？"子曰："清矣。"曰："仁矣乎？"曰："未知，焉得仁？"

译为白话文就是：子张问，楚国令尹子文，三次就任为令尹，没见他有喜悦的脸色；三次被免职，也没见他有怨恨的脸色。他自己当令尹时施政的情形，一定都告诉新来接替职位的人。这个人怎么样？孔子说，算是尽忠了。子张说，算不算"仁"者？孔子说，连明智都谈不上，怎么能算是"仁"者呢？

子张又问，崔子弑齐庄公，当时齐大夫陈文子有四十匹马，他舍弃不要，离开齐国到另一个国家后说，这儿的臣子，跟我们的大夫崔子差不多。说完便又离开到另一国，到了后他又说，这儿的臣子，还是跟我们的大夫崔子差不多。于是又离开了。这个人怎么样？孔子说，算清高的。子张说，算不算"仁"者呢？孔子说，连明智都谈不上，怎么能算是"仁"者？

孔子在这里说"未知"，就是"不够明智"的意思。并不是知识上的无知，而是道德上的不明事理。

由于分科别类的需要，知识大多偏而不全。只有道德上的良知，才具有共同性和普遍性，才可以会贯通全部。

令尹子文三起三落，都是被动接受，缺乏自主的调整。陈文子应该讨伐弑君的崔子，却完全没有举动。这样的作为，连明智都谈不上，当然不够资格称为"仁"者。

凡事要先问应该不应该，应该的就要勇敢地去做；不应该的，即使再有利，就算再喜欢，也不能做。

自动调整自己，才有自主性，做人才有价值。完全受制于人，或者遇到不合适的人，便逃避、离开，是非常不明智的做法。

有知识，才能合理地行"仁"。要看一个人"仁"不"仁"，先看他知不知，若是连明智都谈不上，怎么能称为"仁"者呢？

四、爱别人其实就是爱自己

《雍也篇》记载，子贡曰："如有博施于民，而能济众，何如？可谓仁乎？"子曰："何事于仁？必也圣乎！尧舜其犹病诸！夫仁者，己欲立而立人，己欲达而达人。能近取譬，可谓仁之方也已。"

译为白话文就是：子贡说，如果有人能广博施恩给别人，又能普遍救助大众，怎么样？可算是"仁"者吗？孔子说：何止是"仁"者，那必定是圣人了！尧舜尚且还做不到呢！所谓"仁"，就是己身想立道，也想使别人立道，己身想行道于世，也想使别人能够行道。能够就近拿己身作例子，来为别人设想，可以说这就是求"仁"的方法了。

关于孔子的"仁"道，除了颜渊以外，曾子的体悟，应该是十分深刻的。曾子说，"夫子之道，忠恕而已矣"，这可以和"己欲立而立人，己欲达而达人"相对照。己立、己达便是"忠"，立人、达人即为"恕"。孔子说这是求"仁"的方法，可见"仁"和"忠""恕"是一以贯之的。

能够把"忠""恕"的道理，从自己的身上向外扩展，当然不只是"仁"道的君子，简直就是圣人。所以孔子虽然十分敬重尧舜，却说尧舜也难以做到这样的地步。

孔子所说的"仁"，有时候指爱他人，有时候是指爱自己，也有些时候兼指爱他人和自己。这里所说的"己欲立而立人，己欲达而达人"，便是兼顾自己和他人。"己欲立"与"己欲达"，是爱自己。"立人"与"达人"，则是爱他人。

凡事将心比心，推己及人，不必依凭固定的标准，不需要任何教条，也能够不断提升自己的道德修养。

> 凡事将心比心，推己及人，不必依凭固定的标准，不需要任何教条，也能够不断提升自己的道德修养。

"己所不欲，勿施于人"，可以说是消极的预防，属于"恕"道。"己欲立而立人，己欲达而达人"，显然是积极的行"仁"，必然是"忠"的扩展。

将心比心，是心与心的感应。将自己的爱意，顺着血缘、亲族的关系，逐渐推进，当然可以推己及人。

《述天篇》第十四章记述，冉有问子贡，老师会帮助卫国的国君吗？子贡说，好吧，我去请问老师。子贡进去见了孔子，问伯夷、叔齐是什么样的人呢？孔子说，"**古之贤人也**"。子贡说，他们相互推让，都不肯做国君，后来有悔恨吗？孔子说，"**求仁而得仁，又何怨**"？子贡走出来后，就跟冉有说，老师不会帮助卫国国君的。

冉有不直接向孔子请教，却向子贡提出问题。冉有可能认为，向老师提出这样的问题并不妥当。也可能认为，这样的问题，由自己发问，不如由子贡发问合适。

子贡并没有直截了当地向孔子提问。他拐了一个弯，改口问伯夷、叔齐事情。这两者是不是相似或相关，实在很难讲。孔子回答以后，子贡又拐了一个弯，自行研判孔子的决定，说是"**夫子不为也**"。这样推论，到底是不是符合孔子的原意，也很不容易下定论。

沟通本来就很困难，加上大家传话时喜欢添加许多枝节，这使得沟通更难。许多人在与他人沟通时往往沟而不通，还认为沟通效果很好，这是实在令人费解。

有人向我们提问，我们要先自行斟酌，看看能不能解答。若是能力不足或者缺乏信息，最好不要回答。至于要不要转问别人，也要看当时的情境，以做出合适的决定。

问问题前要先弄清楚问题的准确性。问得不清楚，人家怎么回答？若是答非所问，到底是哪一方的失误？会不会问问题、问得恰当与否、会不会引起反感、能不能获得正确的答案，最好在发问之前，先仔细想一想。

鼓励发问或者禁止发问，都没有必要。问的人和答的人，都要事先想一想，想妥之后才问，想妥之后才答。这样的问答，才不算浪费时间，才能有所收获。

以直报怨，以德报德

——不要『假装大度』地原谅那些伤害过你的人

在现代社会中，我们时常被教导要"以德报怨"，要我们慷慨大度地面对别人对我们的伤害或误解。当我们听到这样的说法时，可能首先想到的是儒家思想和孔子的教导。但事实上，这可能是对孔子原意的误解。孔子认为，对于善意，我们应当以善意回报；而对于恶意，我们应当以公正和正直的态度回应。要理解这一点，我们需要深入了解孔子的价值观和他对待人与人之间关系的看法。

一、不要让"假装大度"害了自己

《卫灵公篇》记载，子张问行。子曰："言忠信，行笃敬，虽蛮貊之邦，行矣。言不忠信，行不笃敬，虽州里，行乎哉？立则见其参于前也；在舆则见其倚于衡也。夫然后行。"子张书诸绅。

子张问，怎样做才可以使自己在任何场合都行得通？孔子的回答是，说话忠诚、信实，行事笃厚、谨慎，即使到蛮荒国家也是行得通的。说话不忠诚、不信实，做事不笃厚、不谨慎，即使在乡里间，你认为行得通吗？站着时，就好像忠信、笃敬几个字也在你面前一样；在车上，就好像这四个字也刻在车前的衡轭上一样。这样就到处行得通了！

"忠"、"信"、"笃"、"敬"是全世界都欢迎的通行证。一个人若拥有这四种品格，就会无往而不利。说话不忠信，行为不笃敬，无论在什么地方，都令人厌恶。知道这种道理的人很多，真正做得到的却很少。

我们想要具备忠诚、信实、笃厚、谨敬的美德，必须随时提高警觉，使自己养成自律的习惯。如此一来，不需要外来的警惕，便能切实力行。

《卫灵公篇》记载，卫灵公问陈于孔子。孔子对曰："俎豆之事，则尝闻之矣；军旅之事，未之学也。"

"忠"、"信"、"笃"、"敬"是全世界都欢迎的通行证。一个人若拥有这四种品格，就会无往而不利。

卫灵公请教军队布阵的道理，孔子回答说，关于礼仪的事，我曾听说过；关于军队作战的事，我没学过。孔子精于用兵，主张文武合一的教育，不反对在必要时以战止战。但这一番话旨在暗示卫灵公礼仪远比军事重要，却委婉得不致使卫灵公恼羞成怒。

《宪问篇》记载，或曰："以德报怨，何如？"子曰："何以报德？以直报怨，以德报德。"

> 以直报怨，并不是以牙还牙，以暴易暴。现代社会主张诉之以法，让法律来加以制裁。

以恩报恩，以德报德，还要以直报怨，这些才合乎孔子的主张。以直报怨，并不是以牙还牙，以暴易暴。现代社会主张诉之以法，让法律来加以制裁。

如果同等对待有恩和有仇的人，根本就没有是非公义。我们不应该挟私怨以报公仇；也不必记仇，更不要冤冤相报。但是公正合理地报怨，却是正当的途径。

同篇第三十四章记载，微生亩①谓孔子曰："丘，何为是栖栖者与？无乃为佞乎？"孔子曰："非敢为佞也，疾固也。"

译为白话文就是：微生亩问孔子，丘啊，你为何如此忙碌而不得安宁的样子呢？莫非是要说些动听的话讨好世人吗？孔子回答，我不敢做那样的事，我只是厌恶固执的人。

微生亩是隐士，对于孔子忙于到处弘道，很不以为然。他直呼孔子的名，又出言不逊。孔子一向主张"如果你对我客气，我没有理由对你不客气。如果你对我不客气，我又何必对你客气"的待人原则，所以回答的话，也不太客气。孔子说，我忙碌，你固执，这有什么好笑的？

---

① 微生亩：姓微生，名亩，春秋时鲁国的隐士。

人各有志，不必勉强他人成为同类。但是应该彼此尊重，互相包容。孔子并没有嘲笑隐士不关心社会人群，隐士却看不惯孔子的忙碌奔波，难怪孔子对他不是很客气。

孔子说厌恶固执的人，虽然没有指名道姓，但是微生亩心中有数，当然听得明白。不过他并不能怪孔子，这完全是他自己闯出来的祸，他当然得自作自受。

同篇第二十章记述，季康子听了孔子叙述卫灵公不依正道而行，便问孔子，既然这样，他为何不会丧失君位呢？孔子回答，"仲叔圉①治宾客，祝鮀②治宗庙，王孙贾③治军旅，夫如是，奚其丧"。

孔子知道仲叔圉、祝鮀、王孙贾三人，各有所长，都是卫国的贤才。卫灵公知人善任，让他们分别负责接待宾客、负责祭祀与统帅军队，使得卫国的政务推动得相当顺利。所以，孔子回答季康子，灵公怎么会丧失君位呢？

君王有道，当然是人民最大的福气。君王无道，如果能知人善任，获得贤能人士的辅助，也可以保持"无为"状态，而不致灭亡。

知人不易，求才尤难。领导者必须具有知人善任的品德和才能，使贤者在位，能者在职，以期员工分工合作，同心协力完成预期的任务。

人君无为，人臣才能放手去做事，发挥大有为的功能。就算是一个作为不大的君王，如能知人善任，又能秉持无为的原则，也不致坏了大事。

有道的君主，要以德为主。若能知人善任，就算品德不如预期的高尚，也可以用无为来补救。

同篇第十章记述，有人请问子产是个怎么样的人？孔子说，"惠人也"。

---

① 仲叔圉，春秋时期卫国大夫，卫灵公时名臣。

② 祝鮀，春秋卫人，能言善辩。

③ 王孙贾，历史人物，春秋时卫国大夫。

又问，子西是个怎样的人？孔子说，"**彼哉，彼哉**"。又问管仲。孔子说，"**人也，夺伯氏骈邑三百；饭疏食，没齿无怨言**"。"惠"是恩的意思，通常恩惠合在一起讲。

子产是郑国的大夫，能够"**养民也惠**"，所以孔子赞美他是惠人。给人民恩惠，安定民生。

楚平王去世时，太子珍年纪很小。有人想要立平王的弟弟子西为王，子西认为国家有一定的法则，改立君王会造成祸乱，不愿意接受。于是立太子珍为昭王，昭王在位二十七年，传位给惠王。后子西出兵救郑，接受了郑国很多贿赂，返国时被人袭杀。对于毁誉参半的子西，孔子似乎不愿意评论，只说"他呀！他呀"，不愿意正面回答。

管仲是齐桓公的宰相，协助桓公成就霸业。孔子以管仲没收伯氏的食邑，使伯氏过着穷日子，伯氏却到死没有一句怨恨的话，来证明管仲当时的声望，实在了不起。

既然是人，就有伟大处，也有平凡的一面。

"人也"的意思，应该是"再怎么伟大，也还是个人"。既然是人，就有伟大处，也有平凡的一面。我们不清楚管仲和伯氏之间的关系究竟如何。只是看到伯氏到死也没有怨言，推论管仲这样的处置，应该是合理的。

经常接受询问的人，说话必须格外谨慎。因为询问的人愈多，表示自己的影响力愈大。受影响的人愈多，当然说话应该更加谨慎。

第三者对一个人的批评，往往十分严正。愈是有名望的人，愈难逃避第三者的严正批评。所以声望日隆的人，对自己的所言所行，必须更为小心。

《子路篇》记载，**子路问曰："何如斯可谓之士矣？"子曰："切切偲偲、怡怡如也，可谓士矣。朋友切切偲偲，兄弟怡怡。"**

孔子说能够相互切磋，态度和悦，就可称为"士"了。朋友之间要相互切磋，兄弟之间要和悦相处。

朋友相交，最需要互相尊重。但往往时间一久，便熟不拘礼，轻慢放荡，伤害彼此感情，甚至于翻脸成仇。朋友的交情，主要用来互相勉励、彼此劝导。所以相互尊重，才能够诚恳劝勉，善尽切磋的责任。兄弟是血缘关系，必须相亲相爱，同心同德，犹如水乳交融，才能使家庭中充满祥和的乐趣。能够做到对朋友敬重、对兄弟亲爱，应该就有资格被称为是知书达礼的读书人。

兄弟之间要温良和顺，互相友爱。因为兄弟的感情，犹如手足，彼此痛痒相关。情同手足，便是兄友弟恭、兄爱弟敬的良好表现。

西方人喜欢讲爱，中国人比较重视敬。爱与感情相关，容易产生变化。爱容易忽冷忽热，难免影响彼此的心情。敬则是理智的，比较容易持久。敬比爱重要，敬可以包括爱，而爱却不能够包括敬。

对人要敬重，对鬼神也应该如此。《雍也篇》记载，樊迟问知。子曰："务民之义，敬鬼神而远之，可谓知矣。"孔子希望大家借着敬重鬼神，来约束自己的身心，做好自律的功夫。我们拥有自主的庄严，在敬畏天命的前提下，不能够将责任推给鬼神。敬而远之，则可免受不必要的诱惑。

> 爱容易忽冷忽热，难免影响彼此的心情。敬则是理智的，比较容易持久。

二、知耻，是一个人最大的道德

《子路篇》第二十章记载，子贡问曰："何如斯可谓之士矣？"子曰："行己有耻，使于四方，不辱君命，可谓士矣。"曰："敢问其次。"曰："宗族称孝焉，乡党称弟焉。"曰"敢问其次。"曰："言必信，行必果，硁

硁然小人哉！抑亦可以为次矣。"曰："今之从政者何如？"子曰："噫！斗筲之人，何足算也？"

"士"有文士和武士两种，这里所说的，只是文士的条件。最高明的"士"，知耻而有所不为，能够好好地自律，出使外国时，能顺利完成任务。次一等的"士"，孝敬父母，而且尊敬长上。再次一等的"士"，则是坚持小信、小忠的人。至于当时做官的人，就孔子的观察，根本都是奉命行事而已，不值得评论。

"士"阶层是中华民族几千年的脊梁。自古以来，"士"都是一个极崇高的称谓。中华文化重视道德建设，所以最重视"士"的道德。因为"士"的工作对象是人，他们必须以身作则，他们的道德修养特别高尚，他们必须成为人民的表率。

在现代社会中，我们把"士"称为读书人。"士"必须读书明理，凡事依理而行，力求合理。使社会风气日趋良好，应该是读书人共同的责任。读书人如果不重视道德，势必会利用知识谋取私利，进而影响到社会的公益，那就没有资格称为"士"了。

孔子一向对"士"极为期许。因为"士"读了书、明了理，很有可能担任官职，为君主效忠，为人民服务，他们必须有高尚的品德，所以《里仁篇》有

子曰："士志于道，而耻恶衣恶食者，未足与议也。"

道有可以说的，也有很难说的，当然还有不能说的。这里所说的道，应该是可以说的部分，也就是安身立命的为人处世的道理。知识分子如果立志要走上安身立命的正道，就不应该把粗劣的衣服和食物当作一种耻辱。如果不能忘情于个人的丰衣足食，贪图自己的享受，这种人就算立志，也不过是虚假的，所以孔子认为不值得和他讨论做人、做事的道理。

在孔子的学生当中，颜渊生活十分清苦，但他却能够安贫乐道，成为孔子最重视的学生。一些富家子弟借故侮辱他，甚至污蔑他偷东西。颜渊却丝毫不受影响，因为他一心一意要学习孔子所说的道理，对这些小事一点也不在乎。

在现代社会中，有些人爱面子，认为穿得不漂亮、吃得不精美是一种耻辱。其实，做出令父母丢脸的事情，才是真正的羞耻。穿什么、吃什么，对于有志于道的人，是无所谓的。

志于道的人，谋求的是大众的福祉、社会的安宁。我们不能够处处为自己的富贵荣华着想，否则就成为满口仁义道德，实则自私自利的小人。

《宪问篇》还有"**士而怀居，不足以为士矣！**"每一个时代，都有不同的生活方式和生活条件，有智慧的人可以根据当时的情况，做出合理的调整和改变。

孔子的这一番话，并不是强调要重视生活方式与生活条件。他所说的是，生活法则永远不会改变，我们不能贪恋安逸的生活，丧失修己安人、立身行道的理想。

关于"士"的讨论，曾子与子张也提出了他们的看法。《泰伯篇》记载，**曾子曰："士不可以不弘毅，任重而道远。仁以为己任，不亦重乎！死而后已，不亦远乎！"**

宏大的胸襟和刚强的毅力，是知识分子必须具有的条件。因此，知识分子用来负起弘扬仁道的重责大任，一直到死亡才能够卸下责任。这是曾子对读书人的要求，也是他一生努力的目标。

中华文化自古讲求明德的精神生活。所以，知识分子的注意力，也就转而重视人际关系的研究。以"仁"道为中心，儒家学派发展出最早的生命学问。

儒家学派要求知识分子不但自己要爱人，更应该弘扬这种精神，促使所有的人都能够爱人。

弘扬"仁"道是知识分子的共同责任，如果有知识的人，利用知识来欺凌、压迫没有知识的人，那就是没有良心的读书人。

弘扬"仁"道是一辈子都做不完的事情，知识分子时刻都不能松懈，一直做到死为止。有良心的读书人，应该以身作则，刚毅不拔地承担起这样的重责大任。

> 弘扬『仁』道是一辈子都做不完的事情，知识分子时刻都不能松懈，一直做到死为止。

"仁"道是人之所以为人的共同道路，一个人能够喜好人的善，也能够厌恶人的恶，便是走上了"仁"道。这样发展下去，便成为"忠恕"之道。这虽然相当遥远，却值得去走。

《子张篇》中记载，子张曰："士见危致命，见得思义，祭思敬，丧思哀，其可已矣。"译为白话文就是：读书人遇到国家危险，便要献出生命。遇到有利可得，便要顾及是否合乎道义。祭祀的时候，想着要诚敬。居丧的时候，想着要哀戚。这样大概就可以了。

"士"是读书明理的人，也应该是有所为、有所不为的君子。子张列举了成为君子的四大要件，分别为见危致命、见得思义、祭思敬、丧思哀，这都是孔子平日所传授的教诲，子张把它们当作"士"的基本要件。

《礼记·曲礼上》有"临财毋苟得，临难毋苟免。"我们看见财富，不能不顾道义，极力想取得。大难临头，不能只想到保自己的性命，极力逃避。可惜现代一般人刚好相反，只知道临财苟得，临难苟免。

儒家重视三祭：祭天地、祭祖先、祭圣贤。天地代表自然，祖先代表血缘，而圣贤象征文化。我们以诚敬的心，祈求与天地、祖先、圣贤的人格精神相感通，借以提升我们自己的道德修养，所以不能请人代劳。

人死后往哪里去？我们迄今未能知道答案。但是生活在一起那么久的亲人，忽然逝世，相当于离我们而去，我们在感情上难免会悲伤、哀戚。所以丧思哀，才显得真情。

我们通常认定"士"就是读书人，过去读书人有很大可能担任官职，也就是成为"仕"，《子张篇》有"**仕而优则学，学而优则仕**"。

现代人能为公家做事，是尽社会责任的具体表现。但是"书到用时方恨少"，我们必须善用业余时间，致力于不足的地方，深入研究，把工作做得更好。

"出仕"和"为学"的目的，其实是一样的。都是为了唤醒自己和众人的道德良心，共同为增进人们的道德生活而努力。有机会担任公职，不能推辞。有时间求取学问，同样不能放弃。

一般人只记得"学而优则仕"，却严重地忽视"仕而优则学"。因此做官的人，大多自认为官做得这么大了，还要读书吗？以至于"不进则退"，愈来愈闭塞，愈来愈落伍。

有没有"出仕"的机会，各人有各人的命，我们不必强求。若是有机会就要读书明理，这是人人都做得到的事情。我们要时时进德修养，自我充实，这才是善待自己的表现。

三、心中泰然，就没有什么是难为情的

为了修己安人、立身行道，而明哲保身是合理的。追求安宁的生活，能够安居乐业，当然是读书人

为了修己安人、立身行道，而明哲保身是合理的。

共同的理想。但是享受安逸的生活，容易使人懈怠，甚至于饱食终日，无所用心。一个人安逸不劳，久而久之，就会觉得无聊而颓废。孟子所说的"生于忧患而死于安乐"，便是提醒大家，一个人无聊时容易投入不正当的娱乐，反而伤害自己的身心。

子路身穿破旧衣裳也敢于与身穿华丽衣衫的富人站在一起，他对此不会觉得羞耻。孔子为此称赞了子路。《子罕篇》有记录孔子的原话，"衣敝缊袍，与衣狐貉者立，而不耻者，其由也与！'不忮不求，何用不臧？'"子路终日诵读，后来孔子便说，"是道也，何足以臧"。

如果你穿着破旧，会不会觉得难为情？特别是和穿着华丽的人站在一起，会不会十分不安？其实，这应该只是自己的感觉，与他人无关。你若觉得自己的品德修养不输给别人，那穿什么，大可不必介意。孔子认为，子路在这方面的表现，和平日的好勇逞强，完全不一样，这是出于子路内心的自安，所以值得鼓励。若是表面上装成不在乎，心里却愤愤不平，或者勉强自己不要在穿着上比高低，那就不值得赞扬了。

"不忮不求，何用不臧"是《诗经·卫风·雄雉》的诗句，孔子告诉子路，不害人、不贪取，怎么可能做出不好的事呢？如果真能在日常生活中将这句话做出来，就不必经常诵读。孔子不是不欣赏这一诗句，而是在这种比较特殊的状况下，他不赞成子路经常诵读。他不方便严肃地制止，免得造成误解，让别人以为这一首诗不好。他采用这种幽默的方式，告诉子路诵读一两次就可以了，不要老是"臧""臧""臧"地"臧"个不停。"臧"是"善"的意思，但是在这里，孔子只取其音，并没有牵涉到它的义。

一个人穿着破旧，却没输给人家的感觉，这才是自安的表现。心中泰然，就没有什么是难为情的。若是出于不怕输的心理，那就是逞强。勉强自己不要不安，仍然会有所不安。

对学生该赞扬的要加以赞扬，该告诫的要加以告诫，这是老师的责任，也是为人师表的素养。学生有自相矛盾的地方，老师要不客气地指出，这可以使其更为精进。

"不耻"是不以贫寒为耻，而不是不耻那些穿着华丽的人。贫寒或富贵，在德行自安的人眼中，应该没有差别。

不要因为怕输而勉强自己，最好做到没有输的感觉。因为人格平等，何必在衣着方面分出高下？

同样，孔子自己也样样都以身作则。《子罕篇》记载，子欲居九夷①。或曰："陋，如之何？"子曰："君子居之，何陋之有？"

这里的"陋"，倒不完全是指物质条件的简陋，而是比较偏重精神条件，专指文化的闭塞落后。

孔子是不是真的想搬到九夷去居住，我们并不知道。但是他借着这样的话来启示大家，对君子来说，没有地方是闭塞、落后的。只要君子愿意发挥教化的功能，热心协助落后地区的百姓，就很容易缩小落后地区与文明地区的差别。"何陋之有"正是君子应有的抱负，展现了君子可以移风易俗的能力。孔子借着这一番话，旨在提醒大家，若是大道不行，住在哪里都一样，全都是简陋、闭塞而落后的。

现代人喜欢移民，移到哪里去？当然是移到比现在生活的地区更开放、更繁华的地方，难道是想去当次等百姓？选择比现在的居住地区更闭塞、更落后的地方，难道是想去当寓公，充阔佬？选择和现在的居住地区同一等级的城市，去那里做什么呢？既居住于此，就安于此，好好生活，岂非省事省力？

> 贫寒或富贵，在德行自安的人眼中，应该没有差别。

---

① 九夷，中国古代对于东方少数民族的通称。

有些人为了工作，不得不迁居异地。这时候大多是为了到繁华地区，为那里的富贵人士打工。自己虽形同奴隶，返乡时却沾沾自喜。甚至于伪装成富人，欺瞒家人乡邻，这又何必！

逃难时没有选择的能力，就算逃到简陋、闭塞、落后的地方，只要是安全便好，谁敢嫌弃地方简陋、物资缺乏与信息不灵通呢？

外在环境，很多不是我们所能控制的。我们尽量不要因此而影响到内在的情绪，反而应该随遇而安，以内在的情绪，来妥善适应外在的环境。

《述天篇》记述，**子曰："饭疏食，饮水，曲肱而枕之，乐亦在其中矣。不义而富且贵，于我如浮云。"**长寿之道，不外乎粗食布衣，少思寡欲。孔子的人生态度，符合长寿的道理。安贫并不乐贫，是孔子的主张。能富便富，没有拒绝或反对的必要。不能富即安，不怨天也不必尤人。不取不义的财，不求不义的贵，自然心安理得，自得其乐，这才是自由自在的生活。所以，这句话也反映了安贫乐道的人生态度。

富贵并没有限度，若一味追求富贵，必然成为富贵的奴隶，并不一定能享受到富贵的乐趣。富贵人家，问题照样一大堆。不如给自己划定一个富贵的限度，凡事适可而止，这样才能知足常乐。

然而，有些人即便划定了富贵的限度，也照样是富贵的奴隶。未达富贵的限度成之前，往往全力以赴，甚至不把自己当人。达成之后，欲望又变得更高，常常按捺不住。明知是无底深渊，也要奋勇跳下去。结果愈陷愈深，难以自拔。有限度变成没有限度，一时的奴隶成为终生的奴隶，真是何苦来哉！

我们常说福、禄、寿三者难求齐全，这似乎很有道理。为富贵折寿，未完成之前，也许认为值得。一旦富贵了，却因而短命，后悔又有什么用？

　　现代科学证明，愈是精致的加工食品，愈美味可口，但对健康却没有助益，甚至有害。心理学证明，欲望少一些，烦恼就会少很多。自己的身心，还是要自己妥善照顾，这样才比较安心。

人能弘道，非道弘人

——没有伟大的品格，就没有伟大的人

道德、理想在于我们自身内部，只要肯用心发扬，就能够凭着自己的能力，将其弘扬光大。道德、理想固然与生俱来，不需向外求取，但是人一生下来，就容易形成私己的小我，常常迷惘、自大，对道德、理想不屑一顾，因而逐渐远离道德、理想，还常常自以为是。因此，我们需要自我反省、自我修养，把原本有的道德、理想弘扬出来。所以孔子提醒我们，"人能弘道，非道弘人"。

一、提高道德修养是一辈子的事

《述天篇》记述，子曰："志于道，据于德，依于仁，游于艺。"爱美和追求美是人类的天性。我们所追求的天下太平，必须透过六艺的陶冶，使人生达到纯美的太和境界，才能够实现。而"志于道"是起点，"游于艺"则是手段。

人的一生，各有不同的遭遇。但是无论如何，应该以增进自己的道德修养，作为终生努力的目标。即便我们拥有不同的立场，从事不同的职业，但共同致力于实现天下太平的理想，应该不是太难的事情。

道德的修养，以"仁"为本。如果有闲暇的时间，可以透过艺术活动来增加人生的乐趣。

孔子的这一番话，依现代社会的观点，即为加强每一个人的科学、艺术与道德教育，共同促进天下太平。

> 人的一生，各有不同的遭遇。但是无论如何，应该以增进自己的道德修养，作为终生努力的目标。

增强科学、艺术素养，需向外学习。而提高道德修养，只要自己下定决心，说要就能要，人人都做得到。可惜现代人能要的偏不要，一心偏向自己控制不了的东西，并造成极大的生活压力。

若太重视精神享受而忽略物质享受，导致科学落伍，就是社会发展的不幸。然而，过分重视物质享受，忽略道德与艺术，也将造成人不像人的可怕后果。

外在的世界千变万化，我们通常很难掌握。但内在的修养先提升起来，面对外界的变化时，自然就更有定力、更能合理因应。

《里仁篇》记载，子曰："朝闻道，夕死可矣。"这里所说的"道"，就是做人、做事的道理。

古圣先贤，原本传下来许多做人、做事的根本道理。但是孔子生活在纷乱的春秋时代，亲眼看到国君不像国君，臣子不像臣子，一般人也不重视古圣先贤的道理，所以才有感而发，说出这一番语重心长的话来。

"夕死"的意思，可以解释为"昨天的过错，好比"昨天晚上"，已经翻篇过去了"。今天早晨若明白道理，昨天所犯的过错，不妨把它当作像昨天晚上已过去了那样，不必后悔，也用不着念念不忘。及时改过，务求今是昨非，也就好了。

"道"的意思，除了做人、做事的道理之外，还可以解释为"生死的价值"。我们一旦明白死有轻于鸿毛，也有重于泰山的不同价值，若应该赴死，就算是今天晚上去死，我们也会心甘情愿地从容就义，死而无憾。这才是"朝闻道，夕死可矣"的最高尚的情操。

人生在世，最重要的便是明白做人、做事的道理，而且能够切实遵行。不幸的是，现代人偏重汲取各色各样的知识，对古圣先贤的道理，却充耳不闻，十分忽视。孔子的这一番话，对现代人来说，实在犹如警世的号角。

我们活着的时候，不知道自己从哪里来，我们死了，也不知道要到哪里去。在生和死之间，我们十分有限的生命，为了求生存、求爱情、求名利、求快乐，承受各种威胁、压迫、苦恼、艰难与不幸。这样的人生值不值得？这实在值得我们深思。

人生的意义是什么？价值何在？这些做人、做事的道理，我们是不是应该花一些时间，尽一点心力，来加以探讨和了解？何况古圣先贤，早已给我们留下来很多知识，告诉了我们许多有效的途径，为什么我们很少去理会？我们只会感叹人生烦恼多、做人真辛苦，岂不是十分好笑？

同篇第十五章记载，子曰："参乎！吾道一以贯之。"曾子曰："唯。"子出，门人问曰："何谓也？"曾子曰："夫子之道，忠恕而已矣。"

忠于自己的人，对自己的事情能够尽心尽力地去做，当然会得到良好的结果。忠于职守的人，对分内的工作，必定会全心全意完善，唯恐影响了绩效，连累了整个团队。

对别人宽恕的人，能够设身处地体谅别人的苦衷，包容别人的缺失，原谅别人的过错。并且进一步帮助别人，促进共同的进步。

> 忠于自己的人，对自己的事情能够尽心尽力地去做，当然会得到良好的结果。

把"忠恕"的精神，应用到各个方面，就等于用"忠恕"的道理，来贯彻孔子所说的道理。实际上，孔子对曾子的这一番话，不一定赞成。但是曾子比孔子年轻太多，孔子不忍心苛求，也就不加以置评。

孔子所说的道理，有时候因人而异，以至于前后不一定相同，但是却具有一贯的系统，彼此并不矛盾，当然更不会互相冲突。为了使大家更加明了且清晰，曾子用"忠恕"两个字来加以贯穿。

曾子所说的"忠恕"，就是孔子所说"一以贯之"的"一"。如果真的要简约成一个字的话，很可能就是一个"恕"字。"恕"的原则只有一个，那就是"己所不欲，勿施于人"。实际上，孔子所说的"一"，很可能是"太极"，可以概括所有事物。

西方人喜欢说，想要人家如何对待我们，就应该同样对待人家，这也含有"恕"的味道，却始终未能提出"恕道"，况且他们说出这样的话，至少比孔子晚了五百年。

《卫灵公篇》第二章记载，子曰："赐也，女以予为多学而识之者与？"对曰："然，非与？"曰："非也，予一以贯之。"

一般人把多见多闻而又记忆力良好的人，称为博学多闻或者博闻强记。这样的人，有很多知识，却并未真正有学问。因为缺乏把这些知识贯串起来的道理，称不上有系统的知识。孔子当然多见多闻，而且记得十分清楚，他又具备了贯穿这些知识的中心思想，所以能够做到"一以贯之"。

子贡一边学习，一边经商。他长年在外奔波，见多识广。他起初认为，孔子不过是博闻强记的长者，有时候甚至还觉得孔子的见闻不如自己。经过孔子的指点后，子贡才恍然大悟，才明白自己所缺乏的是"一以贯之"的道理。因而他更加敬仰孔子，也更加谦虚好学。

孔子所说的"非"，并不是否定博学强记，而是要求统合自己的中心思想，以免迷失了自己。

把历史当作过去的事情，不了解彼此之间的关联性，等于记得历史而不懂得历史，顶多讲出一些故事，却说不出其中的道理。我们读历史，不能只记住已经成为过去的年代和人物，应该从历史的教训中，看出现在的问题所在，并且展望未来的发展，才能"一以贯之"。

孔子的一以贯之"，曾子认为是"忠恕"。无论何时何地，谈论或处理任何事情，这永远是不能改变的原则。这样一来，再杂乱的见闻，都能够统一起来，不至于前后矛盾，乱了自己的思维和行为。

二、道德需要我们一同去遵守，一同去弘扬

孔子认为，道德、理想需要大家合力来发扬光大。《卫灵公篇》记载，子曰："人能弘道，非道弘人。"

道德、理想如果是外界的东西，我们就可以把它们当作工具来使用。若把道德、理想拿来标榜是自己的特别之处，就会常常弄成假仁假义，很可能会流于形式，而且虚伪不实，当然不能大力弘扬了。

弘道是每一个人应尽的责任，也是我们与生俱来的本分工作。可惜很多人不明白这个道理。很多放着弘道的工作不做，专做一大堆没有必要的事情。若是能够及早觉悟，还算是幸运的。若是至死还执迷不悟，那才冤枉。

弘多少算多少，弘到什么程度，都没有关系。人人皆以修养为本，说的就是人的各自弘道。只要尽力而为，便会心安理得，死而无憾，不枉为人了。

> 人人皆以修养为本，说的就是人的各自弘道。

弘道之前，务必敦品励学。《子罕篇》有子曰："**可与共学，未可与适道；可与适道，未可与立；可与立，未可与权。**"

学习是每人都做得到的事情，问题是各有各的方向，各有各的目的，也各有各的方式。要志同道合，形成学习型组织，共同朝向"仁"道而努力，可能十分困难。在一起学习容易，要建立共识就很难。就算有一些共识，坚持的态度也未必一致。要想步调一致，同心协力，产生坚强的团队力量，那就更加困难了。有了坚定的原则，为了适应内外环境的变动，必须权宜应变，以求合理，这实在非常不容易。

孔子的看法是，若要在一起学习，彼此互动，最好建立共识，以便聚合大家的力量，共同为同一理想而奋斗不懈。由共学而适道，再由适道而凝聚大家的意志力，促使大家不折不挠，共同坚持既定的原则，不受外界的影响而改变。

有了坚定的原则制约，却容易僵化而难以改变，以至于无法权衡当时的利弊得失，以做出合理的调整。这时候，要坚持持经达变，有原则地应变，以便找出合理的平衡点。

"立"是坚持，"权"为应变。执经达权，也就是持经达变，这是《易经》给我们的智慧。很多法则不可不变，更不可乱变。这十分不容易，必须用心学习，方能把握好。

《卫灵公篇》第三十九章记载，**子曰："道不同，不相为谋。"**理念代表一个人对人生的看法，也就是人生观和价值观。理念相同的人，对人生正途的看法比较接近，当然可以在一起商量事情，以求群策群力、同心协力，共同完成重大的使命。

如果理念不相同，各有不同的价值判断，在一起商量，根本就是浪费时间。彼此分道扬镳，你走你的阳关道，我走我的独木桥，反而会减少干扰，不致彼此妨碍。

> 彼此尊重，互相包容，才是多元化社会的和谐共处之道。

在这句话中所说的"道"，只是事实意义，并没有正邪、好坏的判断。个人的选择，当然出于各自的价值标准。但是不能因此而肯定自己所选择的道路就是正确的，以致否定了他人的选择。彼此尊重，互相包容，才是多元化社会的和谐共处之道。

人数一上百，就难免形形色色，各是其是，也各行其是，更加让每个人变得自以为是。这种多元化形象是正常的，用不着大惊小怪。反而应该以平常心来看待，因为本来就是这样。

因为有不同的价值观，因为看过了别人的价值观，才能明白自己的价值判断值得持续努力。如果大家的价值观都一样，你自己也不过如此！

三、弘道须保护自己，不可做无谓牺牲

《宪问篇》第四章记载，**子曰："邦有道，危言危行；邦无道，危行言孙。"**

孔子固然倡导"知其不可而为之"，却并不主张不知保生而任意牺牲。他在"邦有道"和"邦无道"之间，做过多次的提示，便是希望大家注意大环境的不同，来选择自己的原则，决定自己的态度。

邦有道的时候，政治清明，当然可以言行正直，把自己的意见平实地表达出来。邦无道时，行为依然保持正直。说话的方式却需要更加委婉谦逊，以免受到祸害。

孔子当然不是教大家说假话。因为欺骗是不可原谅的，说谎的人必然不能心安。但是把话说得更加委婉谦逊，至少可以保生避祸，免于刑戮。

不过，对有利于国家、民族的事情，我们仍须勇往直前，不惜牺牲宝贵的生命。这时候"知其不可而为之"的精神，应该要积极地加以发挥。

"暴虎冯河，死而无悔"的人，孔子并不欣赏。一个人必须勇敢地为社会人群负起责任，却不能忽视"小不忍，则乱大谋"的教训。

邦无道的时候，言语足以危害自身，自然应该更加谦逊。说话时委婉小心，谨慎地选词用字，以策安全。

就算邦有道，不争名、不争利、不争功、不诿过，也都是谦逊的态度，应该是与人相处时，十分重要的美德。

《卫灵公篇》记载，子曰："直哉史鱼①！邦有道，如矢；邦无道，如矢。君子哉蘧伯玉②！邦有道，则仕；邦无道，则可卷而怀之。"

> 邦无道的时候，言语足以危害自身，自然应该更加谦逊。说话时委婉小心，谨慎地选词用字，以策安全。

---

① 史鱼，春秋时卫国大夫，名佗，字子鱼，也称史鳅。因不能劝告卫灵公进用蘧伯玉而斥退弥子瑕，死以尸谏。

② 蘧伯玉，春秋时期卫国大夫，品行高尚，孔子周游列国时，曾数次投靠于他，他对孔子思想的形成产生了重要影响，也是道家"无为而治"的开创者。蘧伯玉奉祀于孔庙东庑第一位，是孔子的朋友。

"矢"就是弓箭的箭，射出去永远是直的，所以引申为正直的意思。"邦"指国家，治理得好叫有道，治理得不好，便称为无道。

卫国的大夫史鱼，不论卫国治理得好不好，总是采取和箭一样直的态度。应该说的话、应该做的事情，都能够正直地表现出来，孔子称赞他是一位君子。

蘧伯玉也是卫国人，他认为国家治理得好，就出来担任官职。否则就要像一卷画那样，把自己收藏起来。

正直是必要的，但是什么叫作正直？最好深层了解一下，再作出定论。很多人望文生义，不明白正直的真正意思，便贸然采取"正直"的态度，导致反效果出现，以致对正直丧失了信心，十分可惜。很多人认为正直的人，反而容易吃亏。这就是只知道正直的表面意思，却不明白正直的深层意义，所造成的恶果。

箭是直行的，如果射歪了，当然不能命中目标。射的人对箭的直行，要负起完全的责任，不能把它推给箭。

《公冶长篇》记载，子曰："宁武子①，邦有道，则知；邦无道，则愚。其知可及也，其愚不可及也。"

孔子的意思是：一个人要显露聪明才智还是要装疯卖傻，有时候与对错、是非、善恶无关。换句话说，该不该装疯卖傻，在于个人的抉择。

如果时机未到，就急于表现聪明才智，便是成熟度不够，很可能会备受打压，进而怨天尤人。宁武子有合适的机会就会把握住，好好表现。一般人只要用心，大都可以做到。而宁武子在必要时会装疯卖傻，这才是真聪明，而一般

---

① 宁武子，春秋卫大夫宁俞，谥武子，宁武子为国家有道则进用其智能、无道则佯愚以全身的政治家的典型。

人恐怕根本就做不到。

认清当前的环境和形势，应该表现时，不错失良机；不应该表现时，不妨装疯卖傻，袖手旁观，以远避祸害，这才是真正的聪明人。

聪明人才懂得装疯卖傻，这叫修养，也叫作假糊涂。我们常说难得糊涂，可见，装糊涂实在并不容易。

不进则退，应该退就务必及时而退。只有进退合宜，才能趋吉避凶。当然，有些人不愿意退隐，被认定是见风转舵的投机者。我们也不便加以阻止。反正自作自受，谁都要承担应有的后果。

上台容易下台难，要进则凭勇气，想退却害怕没有面子。最好在上台之前，先设想一下，万一下台，可能会是什么样子。

> 不进则退，应该退就务必及时而退。只有进退合宜，才能趋吉避凶。

《季氏篇》记载，孔子曰："天下有道，则礼乐征伐自天子出；天下无道，则礼乐征伐自诸侯出。自诸侯出，盖十世希不失矣；自大夫出，五世希不失矣；陪臣①执国命，三世希不失矣。天下有道，则政不在大夫。天下有道，则庶人不议。"

"天下有道"，指政治清明。君有君的风范，臣也守臣的本分。礼乐是导正人民的教化媒介，征伐是正人的消极手段，当然都应该由天子来颁布，以表示神圣而庄严。

礼乐出自诸侯或大夫，象征天下无道，必然徒具虚文而丧失应有的功能。社会动乱，自然传不了十世或五世。

家臣掌理国事，那就更加荒唐。礼乐的神圣性与庄严性完全丧失，传不到三世，自在意料之中。

天下太平的时候，老百姓安居乐业，不觉得有政治力量的存在，所以不非

---

① 陪臣，家臣。

议政府。可见庶人不议，表示政治清明，令人民十分满意。

孔子倡导德治，但对于组织上下的正常关系非常重视。若是下面的人，逾越了职权，也就是现代社会所说的越权，必须依法加以限制，以免造成混乱，破坏社会秩序。

政治清明时，民众不觉得政治有那么重要，这才是良好的现象。民众太热衷讨论政治，并不是一件好事情。

法治以德治为基础，才是真正的德治。德治可以包含法治，两者并不冲突。

天下有道或无道，从人民的普遍反应可以看得出来。政治清明时，民众不觉得政治有那么重要，这才是良好的现象。民众太热衷讨论政治，并不是一件好事情。

四、弘道虽有困难，但不可轻言放弃

《微子篇》记述，子路驾车载孔子出门，向田里耕作的长沮[1]、桀溺[2]问：渡口在哪里？长沮问：车上何人？子路说："*为孔丘。*"长沮说：他应该知道渡口在哪里！子路再问桀溺。桀溺说："*子为谁？*"子路说：我是孔丘的弟子子路。桀溺说："*滔滔者，天下皆是也，而谁以易之？且而与其从辟人之士也，岂若从辟世之士哉？*"孔子听了子路回来的报告，怅然地说："*鸟兽不可与同群！吾非斯人之徒与而谁与？天下有道，丘不与易也。*"

"辟人之士"指逃避坏人的人，是桀溺对孔子的称呼。"辟世之士"指避开乱世的人，这是桀溺的自称。从桀溺的角度来看，"辟人"还不如"辟世"

---

① 长沮，春秋时，楚国的隐士。

② 桀溺，春秋时隐者，后泛指隐者。

来得干脆而彻底。因为天下到处都一样混乱，哪里都有坏人，实在避不胜避，还不如避开整个乱世，不必再到处奔波、忙碌。孔子的看法则是，像桀溺这样的态度，简直是哀莫大于心死，和鸟兽一样，只有生物性的生命，缺乏对文化性生命的关怀。

孔子坚持"辟人"而不"辟世"，永不放弃对行道的期望。不得不隐的时候，依然寄望于天下有道的可能性。

天下太平的时候，孔子根本用不着操心。反而是天下不太平时，孔子才需要想办法加以改变。就算到处都有坏人，也要明知其不可而为之。毕竟任重道远，仍然需要大家一起来努力，才能促使人类的文化生生不息。

子路向长沮请问渡口在哪里，长沮回答孔子一定知道过渡口的地方，这是一种讽刺，有轻视的意味。桀溺更直接反问子路，为什么偏要追随"辟人"的孔子，却不知道和他们这些"辟世"的人在一起。两人都不告诉子路渡口的位置，用意即在刺激孔子，暗示孔子不如放弃"辟人"，转而"辟世"。

曲高和寡，层次较高的人，往往要承受层次较低的人，某种不明事理却又自以为是的批评和讽刺。经过历史长时间的考验，我们才明白孔子对人类文化的关怀，并不是一般人所能够了解的。

站在不得不隐的立场，实在不得已时，才暂时隐退。即便这样，仍然随时关注复出的机会，永不放弃济世的心态。始终怀抱和人类在一起，共同奋斗不懈的决心，这其实就是我们常说的大慈大悲，其中蕴含着无比的深情。

孔子的退隐思想，是"辟人"而不"辟世"。有改革的理想，却不肯屈从无道的君王。因此不想隐却不得不隐，我们可以称为"道隐"或"时隐"，这与一般的隐者大不相同。

《子罕篇》记载，孔子曾经感叹道不得行，"凤鸟不至，河不出图，吾已矣夫！"

凤鸟和河图的传说，孔子是不是相信，我们无从考据，只好存疑。孔子有没有说过这样的话，我们也不知道。如果没有，也没有什么伤害，大可不必计较。若是真的说过这样的话，也不值得大惊小怪。偶尔有一些失望，有一点伤感，说出一些感叹，也无伤大雅。

人都有情绪起伏，既然避免不了，也不需要严加控制。自然地合理抒发，才是合乎人情的生活态度。

孔子在弘道的过程中，确实遭遇过很多阻碍，就算偶尔失控，只要能够再接再厉，重新出发，也是十分正常的。不管孔子相不相信凤鸟和河图的传说，即便偶尔随俗说出，也不能因此就断定孔子真相信这样的传说。

《公冶长篇》记载，子贡曰："夫子之文章，可得而闻也；夫子之言性与天道，不可得而闻也。"

孔子心目中的性，便是他常说的"仁"。"仁"原本是存在于我们的内在心性，可以说是人的本质。孔子的学问，既然"一以贯之"，把性与天道合在一起，证明性与天道可以会通合一。依据天人合一的思路，性指人，天道为天，两者结合起来，不就是天人合一了吗？孔子分明有性与天道的思想，子贡却感叹自己没有听见过。

性是善是恶？孔子认为都有道理。但是他更重视教育的功能，所以提出是人性是可以塑染的看法。"近朱者赤，近墨者黑"，表示人性不是固定不变的，而是可以变易的。

天道的阴阳变化和人生的祸福吉凶，究竟有什么样的关系？孔子基于"知之为知之，不知为不知"的原则，在很多地方，把它们列为"不知"的部分。因此很少提及，难怪子贡没听过。但是应当体会的时候，我们仍然要用心加以学习。

第十七讲

不念旧恶，怨是用希

——对过去释怀，就是对自己宽容

为了推行自己的政治理念，孔子周游列国。在游历诸国之时，因为政见不同，孔子多次遭到各国权贵的暗害，有好几次都险些丧命。可以说，在孔子的一生之中，与其对立的政敌并不在少数。但是对这些人，孔子却没有多少怨恨，他甚至还非常理解，这就是不念旧恶的美德。不念旧恶作为一种美德，它可以为人们的生存创造出一个宽松、和谐的环境。而且，这种美德也不需要成本，人们只需通过自身的努力，保持谦让、宽容的态度，就能让大家受益无穷。

一、有些伤害是有意的，有些则是无心的

孔子善于观人，《为政篇》中记载，**子曰："视其所以，观其所由，察其所安。人焉廋哉？人焉廋哉？"**

孔子先看一个人做了些什么事，再了解他做这些事的动机是为公或为私，最后再细看他做了这些事之后是否安心、快乐。这样一层一层用心考察，即使对方设法掩藏，也逃不了孔子明亮的法眼。

我们不能仅凭第一印象，就论断一个人是正还是邪，因为这太危险了，很容易评断错误。若把好人看成坏人，把坏人当成了好人，一方面冤枉好人；一方面也害了自己。

我们看人时要由浅及深。先看其行为，再判断其动机，最后再看他的感受，这样才能做出初步的判断，获得暂时的答案。还要多看几次，再下定论，这样做当然不至于看错人。但是，人是会变的，所以时时都要十分谨慎。

这种方法，同样可以用来反省自己。你做这件事的动机是什么？所采取的方法对不对？做完以后自己的感受是怎样的？之后，加以改进，自然能够不断提升自己。

《宪问篇》记载，**子曰："晋文公谲而不正，齐桓公正而不谲。"**

"谲"的意思，是指诡变不正。晋文公善于权变，却不能守正。用现代话

来说，就是晋文公比较不正派。齐桓公在坚守原则方面，比较正派。却在权宜应变方面，不够灵活。中华文化主张执经行权，也就是持经达权。齐桓公能守经而不知行权，晋文公善于行权却不能守经。两人和周文王比起来，毕竟是差了一大截。

齐桓公和晋文公都是春秋时代的霸主。依据历史记载，齐桓公的功业，不如晋文公的功业那样成功且长久。但是孔子显然认为，齐桓公要高于晋文公。

有经无权，表示有原则却不能随机应变，这很难长久维持。齐桓公一死，齐国就发生内乱，一传而衰，不能持久。

> 一个人的功业固然十分重要，而这个人内心的德志，尤为后人所重视。

有权无经，则常常假仁假义，巧施权谋。晋文公的王位传得比较长久，孔子却严正地指出他的缺失，传得长久又有什么用？

一个人的功业固然十分重要，而这个人内心的德志，尤为后人所重视。孔子一向重视德志甚于功业，所以才有这样的评论。

《公冶长篇》中记载，孔子赞美晏平仲，"善与人交，久而敬之"。

晏平仲就是晏婴，春秋后期的外交家、思想家。据说，他身材短小，其貌不扬，但头脑机敏，能言善辩。他的人际关系良好，这使他获得了许多助力。因此，他办起事来，格外顺利，也让他留下了美名。

朋友之间相处，贵在互相尊重。一个人若能长久获得朋友的尊敬，可以证明他的交友之道，相当值得赞赏。与朋友相处，最要紧的是不让朋友吃亏。如果常常让朋友吃亏，朋友必然会远离他去。相信没有人能愿意忍受长久的吃亏。

反过来说，不要占朋友的便宜，才是长期保持友谊的要诀。朋友之间要礼尚往来，最好取得相当的平衡，这样才能长久。

《公冶长篇》记载，孔子批评臧文仲愚昧，"臧文仲①居蔡②，山节藻棁③，何如其知也"。

臧文仲身为鲁国大夫，应该知道大夫卜筮只能使用小龟，却建造了一间房屋来保藏国君卜筮所用的大龟；又采用天子才可以刻山画藻的庙饰，他明知故犯，当然是不智。

以礼自律，是自我修养的重要方面。既然有礼俗的约束，就不必处处标新立异。人人以礼自治，社会自然安宁。

礼是我们的行为准则，一切文化的发展都应该以礼为依凭。不守礼便是不道德的表现，所以孔子对此加以批评。

社会上人人以礼相待，必然会提升社会的道德水平。人人以礼来管好自己，其实就是修身的良好基础。看得起别人，便是看得起自己。重视自己的礼节，别人才会以礼相待。

> 不要占朋友的便宜，才是长期保持友谊的要诀。

> 以礼自律，是自我修养的重要方面。

---

① 臧文仲，鲁大夫臧孙辰，谥文。

② 蔡，"蔡"是大龟的意思。"蔡地出善龟，因名大龟为蔡。""蔡"这个地方产龟，所以用"蔡"来指代大龟。

③ 山节藻棁，"节"，是屋子的柱头斗拱，"山节"，把那柱头斗拱都雕刻成山的形状。"棁"（zhuō），是梁上的短柱，"藻"，是水草，在梁上的短柱上雕刻水草。"山节藻棁皆为天子之庙饰"，是周天子在天子庙里头的装饰。

二、有些人不会听你解释，有些人不相信你的解释

《公冶长篇》第二十四章记载，孔子批评微生高[1]不正直，"或乞醯[2]焉，乞诸其邻而与之"。

很多人都认为自己很正直，而责怪别人不正直。实际上，由于正直的标准各有不同，很难求得一致，所以才会有这样的偏差出现。有人向微生高讨一点醋，他不直说家里正好没有，而是向邻居借一些来，转借给向他要醋的人。孔子的这一番话，只是叙述事实，并没有做出价值判断。似乎是要留出一些空间，供我们去思考。

有人向我们借醋，我们若是没有，可以明确直说，也可以向邻居转借。应该依借醋人的身份和关系而采取合理的处置方式。

实际上，有些人即使我们明白直说，家里没有醋，他也不会相信。他们认为，我们不愿意借醋，这该怎么办？要不要格外小心应付？为什么？

如果你向别人借醋，他正好没有，却向邻居要来转借给你。你事后知道真相，会有什么想法？为什么？以上这两个问题，便是孔子留给我们的思考。

《雍也篇》记载，子曰："不有祝鮀之佞，而有宋朝[3]之美，难乎免于今之世矣。"

卫大夫鮀是当时的宗庙官，他口才很好，善以巧言媚人，后成为佞人的典型。宋国的公子朝，则以美貌闻名。

孔子的这一番话，至少有两种解释，这两种解释都说得通。一种是，既没祝鮀那样的口才，又没有宋朝那样的仪表。话说得不好听，令人听不入耳；外

---

[1] 微生高，姓微生，名高，鲁国人。当时的人，认为他为直率。

[2] 醯，醋。

[3] 宋朝：此处指春秋时期宋国的公子朝。

表长得难看，叫人看了难过，当然不受大家的欢迎，因此必须承受更多的挫折。另一种则是，没有祝鮀那样的口才，却拥有宋朝那样的仪表，使人觉得虚有其表，一开口就惹人厌恶，自然不受大家欢迎，也要吃很多苦头。这两种说法，都有相当的道理，可供大家参考。

人长得老实，口才就不必太好。以免被看成巧言令色的小人，这样反而不好。老老实实的人，说话实实在在，有时说得不好，甚至于说错了，大家还比较容易谅解。

一个人有好的仪表，最好要注意自己的表达能力，务求口才与仪表相配合，这样才不至于不开口给人印象良好，一开口便令人厌恶。

一个人的整体配合十分重要。若某一部分特别突出，其实并没有必要。无论衣着、仪表、礼节，以及使用的物品，都要注意整体配合。看起来令人很顺眼，才是合适的搭配。

> 看起来令人很顺眼，才是合适的搭配。

《雍也篇》第十三章有，**子曰："孟之反①不伐，奔而殿，将入门，策其马，曰：非敢后也，马不进也。"**

孔子称许鲁国大夫孟之反不夸耀自己功劳的做法。自古以来，许多人都喜欢夸大自己的功劳，这实际上是内心空虚，不够充实、自在的一种掩饰。有实力的人，就用不着这样的。

孟之反明明是勇敢的殿后，却推说是马跑得不够快。这不是欺骗，这是尊重大家。如果改口说，若不是我胆大殿后，大家能退得这么顺利吗？势必会引起大家的反感，影响关系的和谐。夸大自己，等于贬损别人，当然会造成紧张的气氛，弄得大家都不得安宁。

功劳是让出来的，大家让来让去，自然都有功劳。反过来，抢来抢去，大家谁也不让，谁也不服，那就谁也没有功劳。

---

① 孟之反：又名孟之侧，鲁国大夫。

自夸功劳是一般人的通病，结果却是最吃亏。因为你夸、我也夸，难道他就不会夸、不敢夸？这样一来，各夸各的，弄得大家就都没有功劳了。

我们夸别人的功劳，别人也反过来夸我们的功劳。这相当于让来让去、推来推去，使大家多少分了一些功劳、有了一些面子。这是"礼让比争取"有效的例证，非常值得大家深思。

事情有正也有反，人们的立场不同，看法也不一样。有没有功劳，并不是你自己说了算。大家说你有功劳，远比自己夸大好得多。

《述天篇》记载，子曰："圣人，吾不得而见之矣！得见君子者，斯可矣。"子曰："善人，吾不得而见之矣！得见有恒者，斯可矣。亡而为有，虚而为盈，约而为泰，难乎有恒矣！"

孔子主张名实最好能够一致，所以他不轻易赞美任何人、事、物。他所推崇的古圣先贤，都是已经盖棺论定的，圣就是圣、贤便是贤，不会再有改变，可以放心地说出他们的姓名和事迹，供大家学习。

当代的人，都还活着，还有改变的可能性。就算有很好的品德修养，我们也还不敢直接称其为圣人。万一产生变化，要怎样交代？所以孔子说，他见不到圣人，不是轻视当时的人，而是一种期待和鼓励，希望大家继续努力，有一天逝世以后，被大家尊称为圣人。

孔子认为，人活着的时候，能够被大家当作君子看待，已经十分不容易。因此他坦承能够看见君子，便相当满意了。他自己一再谦虚，不敢自认为圣人或"仁"者，可见孔子对自己和对别人，所采取的衡量标准是一致的，并没有对别人严格而对自己宽松的差异性待遇。

善人，并不是指常常为善或者行善的人。心中有善无恶，而且恒久如此的人，才够资格称为善人。因为持有这样高的标准，难怪孔子看当时的人，看不出有什么善人。他宁愿退而求其次，认为成为诚实可靠的人，也就可以了。一般人没有却装作有；内心空虚，却装出很充实的样子；本来很穷困却装得很富裕。这样表里不一的假象，想要诚实可靠，应该是十分困难的。

人活着的时候，我们最好暂时不要加以论断。对活人说三道四，是不礼貌的行为，我们最好能够避免。人死了，盖棺论定。大家依据他一生的所作所为，做出整体的判断。原则上以品德修养为基准，先分出君子或小人，再评论其他。

圣人和善人，都是全面性的总结。单方面或某些方面特别有表现的人，顶多是贤人。孔子不随便称许某人为圣人、善人或"仁"者，其态度十分严谨。

赞许他人，必须根据事实。现代人出口便说"俊男""美女"，听到的人不值得欣喜，更不能信以为真。

君子追求修养品德，对物质的追求反而不太热衷，孔子对此非常赞许，如《子路篇》有记载，**子谓卫公子荆**[①]：**"善居室。始有，曰：'苟合矣。'少有，曰：'苟完矣。'富有，曰：'苟美矣。'"**

"苟合矣"，意谓差不多够用了；"苟完矣"，意谓差不多完备了；"苟美矣"，意谓差不多富丽堂皇了。衣、食、住、行都是来帮助我们生活的，拥有得差不多了，就应该知足。我们应该把精力和时间，用在修养品德方面，以提升生存的价值，这才是生命的真正意义。

刚有一点点，就觉得够了，这是很容易满足的人。稍微增加一些，便认为够多了，不能再要求了，这是知道感恩的人。再多一点，就很不好意思，连忙说"太好了，不好意思"，这是真诚的表现，这是懂得圆融处世的人。

我们之前就说过，差不多几乎是刚刚好的代名词。这里又多了一个说法，差不多就是很接近，没有差太多的意思。差不多表示一种心理的满足，是一种知足的修养。人无完人，差不多近乎完人，已经很了不起。

> 人无完人，差不多近乎完人，已经很了不起。

[①] 公子荆，卫国的公子，虽归为国君的儿子，能够治家而不奢侈。

拿企业的质量管理来说，也有标准的公差，表示差不多合乎规格，就可以接受了，这才是真正明白规格和检验标准的意义。

《宪问篇》记载：子曰："孟公绰，为赵、魏老则优，不可以为滕、薛大夫。"

孟公绰是鲁国的大夫，孔子对他相当了解，知道他是一个廉洁，能够克制欲望的人。孔子认为依他的性格，担任赵氏、魏氏这样的家臣，可以表现得很好。因为赵氏、魏氏都是晋国的卿大夫，晋为大国，家臣称为老。下面还有很多人手，孟公绰寡欲不贪，正好让他们分工合作。若是担任滕、薛这种小国的大夫，许多事情需要亲自去处理，就不合适。

适才适任，才是用人的原则。大单位和小单位性质不同，所以任用的人，会要求不一样的性格。

对于熟悉的人，才可以评论。如果不怎么熟悉，最好不要加置评，以免判断错误，引起误解，甚至还会得罪人。

评论任何人，都应该说出道理来。使听到的人，按照所说的道理，自己进行判断。对方要不要相信，我们并不能勉强。

《宪问篇》记载：子路问成人。子曰："若臧武仲①之知，公绰之不欲，卞庄子②之勇，冉求之艺，文之以礼乐，亦可以为成人矣！"曰："今之成人者，何必然？见利思义，见危授命，久要不忘平生之言，亦可以为成人矣！"

"成人"在这里是指完美的人。只有才德兼备的人，才有资格称为"成

---

① 臧武仲，鲁国的大夫，乃臧文仲之孙，这个人很有智慧，孔子很佩服他。
② 卞庄子，鲁国人，是一位很有名的勇士，据说他能够独立跟老虎格斗。

人"。具有臧武仲那样的智慧、孟公绰那样的不贪心、卞庄子那样的勇敢、冉求那样的多才多艺，还需要礼、乐的陶冶，总共加起来，才能构成完美的人格。缺少其中任何一种，毕竟仍然有遗憾。

这么高的规格，对子路来说，也许是太严苛了。所以孔子退而求其次地指出，看见利益便能兼顾义理、遇到危难不顾生死、有所承诺长久信守，若具备这三个条件也可以称为"成人"了。

孔子所说的"成人"，便是现代社会中人们夸赞的完人，也就是人格完美的人。有学问、有道德、有勇气，必须三者齐全。

我们骂人，常骂"不像一个人"，这是其他民族所难以了解的。没有学问，可以像一个人；没有能力，可以像一个人。道德修养不好，就不像一个人。可见，作为中华民族的一分子，拥有良好的道德修养是十分重要的。

一个人要不要修养品德，完全可以自行决定，用不着和别人商量。立下志向，要成为健全的人，要陶冶出高尚的品格，任何人都禁止不了，也抵挡不住。有志竟成，我们只要立志向善，不断提高品德修养，自然有一天会成为完人。不必急，一步一步来。不能停，一直向前走。

《卫灵公篇》记载，子曰："臧文仲①其窃位者与！知柳下惠②之贤而不与立也。"

孔子批评鲁大夫臧文仲明知柳下惠的贤能，却不能够加以推荐，是做官而不做事的不良案例。

为国举才，应该是人人有责。尤其是有官职的人，更要积极推荐人才。否

---

① 臧文仲，鲁国的大夫，他知道柳下惠是贤人而不去推举他。不能荐贤，就叫"窃位"，这个罪名很重。
② 柳下惠，鲁国是有名的贤人。

则就是尸位素餐，只做官不做事。

举荐贤才，不能出于私心，只举荐对自己有利的人。应该大公无私，只要是贤才，不论和自己有没有利害关系，都要推荐。至于上面要不要接受，由上面决定，我们不能勉强，更不能因举荐不成，便恼羞成怒，到处散布谣言，进行破坏。

《论语》亦记载了与臧文仲正好相反的作为。《宪问篇》记载：公叔文子举荐自己的家臣僎，晋升为大夫，和自己一起出入公朝，孔子听到后说，"可以为'文'矣"！

为国举贤，是一种美德。就算是自己的亲人，只要是真正的贤能之人，也应该内举不避亲，极力加以推荐才合理。即使是仇人，为了国家整体的利益，只要真正贤能，也应该外举不避仇。因为私人的恩怨，不能影响国家的公益。

现代人流行自荐，常常自己推荐自己。我们认为非不得已，尽量避免。因为第三者随时存在，还是由别人推荐比较好。

三、与过去和解，才能拥有平和的未来

《公冶长篇》记载，子曰："伯夷、叔齐，不念旧恶，怨是用希。"

伯夷、叔齐在武王伐纣时，曾经加以劝阻。武王统一天下以后，他们两兄弟宁可饿死在首阳山，也不食用周朝的粮食。孔子赞美他们"求仁而得仁"，不怨恨武王或其他的人，所以大家对他们也很少有怨言。

不记别人的怨恶的原因有两种可能：一是自己行为端正，难免得罪别人。这时候自己不记别人的怨恶，可以减少别人对自己的怨恨。二是对别人怨恶，不过是对这个人的某些行为怨恶，却不能对这个人产生怨恨。既然事过境迁，就不必再加以怨恶。

不记别人的怨恶，会同时产生两种后果：一是不会怨恨别人，二是不被别人怨恨。

《宪问篇》记载，子曰："臧武仲以防，求为后于鲁，虽曰不要君，吾不信也。"

孔子是鲁国人，对于鲁国发生的重大事件，不能不关心，更不能说不知道。臧武仲是鲁国的大夫，孔子赞美过他的智慧，对他的事情，更不得不有所评论，以示负责。臧武仲要求册封他的后代，孔子认为这摆脱不了要挟国君的嫌疑。孔子以负责任的态度，明确表示，不相信臧武仲没有要挟的意思。

俗话说，"瓜田李下"，意思是不管有没有做出不正当的行为，在当时的环境下，都很难不引起大家的怀疑。因此，我们做任何事情，都应该依据当时的情境，避免"瓜田李下"，以免令人产生怀疑。

在册封后代时，精神方面的重要性应该大于物质方面。优良的精神应该获得传承，这远比寻求物质方面的保障更有意义、有价值。可惜一般人在册封后代时，往往偏重物质方面，很少注重精神方面的发扬光大。

不论采取任何方式，只要使对方害怕，不得不接受我们的要求，就都是一种要挟。在孔子看起来，都是不合理、不正当的行为。

《泰伯篇》记载，子曰："泰伯其可谓至德也已矣，三以天下让，民无得而称焉。"

依据《史记》的记载，吴泰伯和他的弟弟仲雍，都是周太王的儿子，也都是季历的哥哥。由于季历十分贤能，又有一位好儿子，名叫姬昌。姬昌有圣人的瑞相，所以太王预料他将来能够把周国兴起来，所以有意思要传君位给季历，希望季历能传给他的儿子姬昌。

泰伯和仲雍为了配合父亲的意愿，两个人一起逃奔到荆蛮。他们在身上刺了彩纹，把头发剃掉，以表示自己不能够在宗庙主持祭祀，使季历顺利地继位，而姬昌后来也有机会继位，成为文王。

"三"是多数的意思，表示泰伯和仲雍礼让了好几次，泰伯和仲雍尽量隐藏自己的作为，使百姓无从赞美，以完成太王的意愿。孔子认为他们的德行，十分高尚。

泰伯是长子，按例可以继承父亲的大位。但是三弟季厉贤能，儿子姬昌又有瑞相，这使得父亲有意改立三子。泰伯没有因此而怨责，更没有进行强烈的抗争。他的礼让，使得周文王为周王朝奠定了基础。

季厉娶了殷国诸侯的女儿太任，太任是一位有贤德的妇人，她生了一个儿子，名昌，教养得很好。太王由于季厉的妻子和儿子都很贤明而选中季厉，其实也是良好的传位方式。在现代，我们看一个人，除了他本身以外，还要看他的妻子和他的子女。

同篇第二十一章记载，子曰："禹，吾无闲然矣！菲饮食，而致孝乎鬼神；恶衣服，而致乎黻冕①；卑宫室，而尽力乎沟洫②。禹，吾无闲然矣！"

一般人的倾向，是追求自身的享乐，对公家的事务却舍不得花钱，甚至显得十分刻薄。禹的作风却刚好相反，他对待自己很俭朴，对公家有益的事务，则十分慷慨，务求合理有效。孔子对禹的赞美，用意在提醒我们，大公无私才是伟大的修养。

节俭是美德，但是公家的事务，却应该设想得长远。如果花费较多的钱财能够产生长久效能，也实在十分值得。

儒家认为天地具有神性。一切天地所化生的万物，也都具有天性，亦即具有神性。当下存活的人是天地所生，因此同样具有神性。祭祀时便是阴阳两界神性的互动，并非迷信。

祭祀要敬重，即是看得起自己的祖先，相等于看得起自己。祭祀时穿着华丽的祭服，既尊重祖先，也尊重自己。因为儒家的观点是"命在天也在我"，祷

> 祭祀要敬重，即是看得起自己的祖先，相等于看得起自己。

---

① 黻冕："黻"（fú），祭祀时穿的礼服叫"黻"；祭祀时戴的帽子叫"冕"。
② 沟洫："洫"，（xù），沟渠。

神就等于祷自己！

《先进篇》记载，闵子侍侧，*訚訚*①*如也；子路，行行*②*如也；冉有、子贡，侃侃*③*如也。子乐。"若由也，不得其死然。"*

译为白话文就是：闵子骞侍奉在孔子身旁，有方正适度的气象；子路，有勇武刚强的气象；冉有、子贡，有温和快乐的气象。孔子看着这几位贤弟子，颇为高兴。但是他说了一句话："像子路这样的，我怕他不得寿终啊！"

"子乐"应该是"子曰"的笔误或误传，因为子路不得寿终，做老师的怎么会乐呢？自古以来，刚强的反而容易折断，像子路这样的刚硬脾气，往往很难获得寿终。子路后来死在卫国内乱，不幸为孔子所言中。

得英才而育之，是教师最大的乐趣。我们常说育英才是教育界的乐事，可见英才大家都喜欢，也乐于教导。

子路死时，孔子七十二岁，接连死了儿子孔鲤、心爱的学生颜渊，孔子的悲伤可想而知。子路不得寿终，并不是不得善终，因为他作为军人打仗，死于战场上是莫大的光荣。

死得其时，而又死得其所，便是十分难得的善终。不过，活得不够长久，总会令人感到惋惜，所以常称为不得寿终。

> 得英才而育之，是教师最大的乐趣。

> 死得其时，而又死得其所，便是十分难得的善终。

----

① 訚訚，"訚"（yín），"訚訚"就是方正的样子。闵子骞是大孝子，除了颜回之外，闵子骞德行最高。他的气质非常的方正、正直，一点的邪曲的习气都没有，人正大光明，这叫"訚訚如也"。

② 行行，"行"（hàng），刚强的样子。子路很骁勇，他是出身于贫寒，年轻的时候打猎，身手不凡，是一位很难得的武将，所以他有那种刚强的、果敢的气质。

③ 侃侃，是非常和乐的样子。

第十八讲

欲讷于言，而敏于行

—— 有作为是「生活的最高境界」

君子说话要慎重，做事要勤快。很多人说话十分随便，爱怎么说就怎么说，想说什么便说什么。也有很多人说了半天，却始终没有行动，就算真的去做，也拖拖拉拉，别人急他偏不急。我们不妨少说多做，说得缓慢一些，行动敏捷一些，做一个受大家欢迎的人。

一、信用是人的第二性命

孔子教导弟子敦品励学，总是苦口婆心、耳提面命，弟子当然如沐春风，受益良多。弟子跟随孔子周游列国，他们朝夕共处，有太多"生活即教育"的功效。而孔子以身作则，既是最好的示范，也成为最佳教材。

《为政篇》记载，**子曰："人而无信，不知其可也。大车无輗①，小车无軏②，其何以行之哉？"**

輗、軏分别连接了牛与大车、马与小车，没有輗、軏，车子不论大小，都不能跑动前进。孔子用輗、軏对车子的重要性，强调信用对于人的重要性。

信用是人的第二性命，人类社会之所以能够繁荣发展，全在于大家能够言行相顾，并产生互信与共信。一方面，大家彼此互相信任；另一方面，大家能遵守共同的约定，即社会公义，这具有充分的公信力。

一个人的信用，并不像一般人所说的，是自己一点一滴累积起来的。这种信用，属于银行授贷型，由小而大，逐渐增加到一定的程度。人的信用，应该是有减无增的。保持得住，已经很不

人的信用，应该是有减无增的。保持得住，已经很不容易。一旦出差错，使人丧失信心，那就很难恢复了。

---

① 輗，"輗"（ní）为古代大车车辕前面横木上的木销子，大车指的是用牛拉的车。
② 軏，"軏"（yuè）为古代小车车辕前面横木上的木销子，小车指的是用马拉的车。

容易。一旦出差错，使人丧失信心，那就很难恢复了。

不能有任何理由，使自己的信用降低，应该是我们每一个人都要坚持的原则。因为信用是递减的，每一次失信，都会降低自己的信用度。

不轻易承诺、不随便答应，是诚信的必要条件。承诺得太快，若行动时才发现自己根本不可能完成任务，就会损失信用。答应得太快，若执行时才发现自己亦不可能完成任务，也会使自己失去了信用。

守信要和好学兼顾并重。孔子的这一番话，最好和前面第二讲所说的"笃信好学"合起来看。从学习中培养自己坚守信用的良好习惯，以免大意失信，使自己增加许多困难。

说话和行动之前，最好要先问一问自己："这样说、这样做，会不会使自己失去信用？"我们一定要把信用维护住，不让它递减，这样才能保持自己的名誉。

《为政篇》最后一章记载，**子曰："非其鬼而祭之，谄也。见义不为，无勇也。"**

中国民间的传统说法认为，人死后就会变成鬼。孔子虽然避免正面谈论鬼神，却并不否定鬼神的存在。所以他说祭祀时，要摒弃形式化的仪式，转而讲求实质的互相感通。也就是说，要认清对象当祭或不当祭，然后才透过内心的诚敬，与鬼神相通。

既然科技至今还没有能力证明鬼神的存在，也没有能力证明鬼神并不存在。科学所能做的，到目前毕竟仍有局限性。我们最好要明白，鬼神的存在与否，属于信者恒信，不信者恒不信的范围。我们要彼此尊重，不必互相攻讦。

但是不相信鬼神，又何必祭祀呢？既然祭祀，就应该认可鬼神的存在。否则已经不敬，相当于对鬼神开玩笑，也是对自己开玩笑。

拜祭自己的祖先，因为彼此是一家人，也曾经相处过，当然比较容易产生感应。拜祭别人的祖先，既不相识，又缺乏深厚的亲情，显然是一种谄媚的表现，实在没有必要。

《里仁篇》第十二章记载，子曰："放于利而行，多怨。"

"放"即依据，也有放纵的意思。天下事大抵是相对的。有利必有害，有好就有坏，而有善也就有恶。

获得利益的时候，往往忽略了随之而来的害处，以为自己只得其利而没有蒙受其害。等到害处出现，这才后悔莫及，岂不是后知后觉？

当我们得到好处的时候，应该想一想别人是不是会因此而受害？我们会不会因此而招惹别人的妒忌？只要别人受害，或者会引起妒忌，我们迟早也会受害。

孔子的这一番话，旨在提醒我们，做人不应该唯利是图。凡事只计较利害关系，一心一意只想获得利益，结果必然会招惹怨恨，逃也逃不掉。

这里所说的利，显然是那些不合于义的利。合乎义的利，应该不致招惹怨恨。孔子不反对所有的利，否则就违背了"无适也，无莫也"的原则，而自相矛盾。

合于义的利，当然可求。不合于义的利，最好不要求。"放于利"的意思是指做事时不约束自己的利欲，一味以利为考虑的重点。其实这更加容易招惹怨恨。

我们做事的时候，必须合理地约束自己对于利的追求。使自己的利，合乎义的要求，以免招惹不利的后果。

《里仁篇》第二十三章有，子曰："以约失之者，鲜矣！"

> 合于义的利，当然可求。不合于义的利，最好不要求。

"约"是自我节制、约束自己的意思。我们不该说的话，一句也不能说。不该做的事情，一件也不能做。约束好自己，犯错的概率就会大大减少。最好的方法，仍然是想妥当了才说，想妥当了再做。谨慎小心，时时约束自己的言行，当然最为妥当。

接着《里仁篇》第二十四章又有，**子曰："君子欲讷于言，而敏于行。"** 孔子要弟子们慎重说话，勤快做事。

很多人说话十分随便，信口开河而无所行动，即便不得已行动也是拖拖拉拉。孔子针对这样的毛病，说出了上面的话。

我们常说要改变自我的气质，却苦于找不到好方法。现在看到孔子给出的良方，我们最好能勤加练习，及早养成好的习惯。

千万不要说出来的话，自己都做不到。如果有这种说空话的毛病，我们必须勤加检讨，积极改进。做事迟缓，不是没有效率，就是心不甘、情不愿，这会给人留下很坏的印象。勤快、伶俐、敏捷，大家都喜欢。

二、遵守道德就不会孤单

《里仁篇》第二十五章有，**子曰："德不孤，必有邻。"**

孔子这一句话，便是《坤文言》所说的"敬义立而德不孤"，意思是恭敬、适宜一旦确立，就能够促使美好的德行广博而不狭窄。

虽然有的人朋友很多，大家经常来往，显得十分热闹，但他内心却相当孤独、寂寞。因为朋友满天下，知心的却不知道在哪里。有的人则刚好相反，来往的朋友很少，却由于谈得来又有良好的默契，就算不常往来，也觉得彼此心意相通。

为什么这两种人会有这么大的不同？主要原因在于前者大多交的是酒肉朋友，他们重视物质的享受而忽略精神的感应。后者则交的是道德修养良好的朋友，大家虽君子之交淡如水，但内心充实，自然不孤单也不寂寞，天天自得其乐。

曲高和寡的人，大多骄傲自负，看不起别人，更谈不上道德修养良好。这样的人，大家不愿意亲近，他们必然孤独、寂寞，怪不得别人。

真正品德高尚的人，必然关心社会人群，也不可能看不起别人。重视道德修养的人，自然乐于向他请教，喜欢和他来往。朋友不在多，真心交往最要紧。

品德修养良好的人，大多重视内心的快乐。吃得好不好，穿得漂亮不漂亮，居住的房屋是不是美轮美奂，他们根本不在乎。这样的交往，当然是志同道合的欢聚。

我们要注意提高自己的修养，自然会有人声气相通，与我们因道结合，成为我们知心的朋友。

《公冶长篇》记载，子曰："巧言、令色、足恭、左丘明①耻之，丘亦耻之。匿怨而友其人，左丘明耻之，丘亦耻之。"

孔子说："花言巧语，面貌伪善，过分恭敬，这种人，左丘明认为可耻，我也认为可耻。把仇恨暗藏于心，表面上却同人要好，这种人，左丘明认为可耻，我也认为可耻。"

一般人喜欢听动听的话、看好看的脸色，喜欢被人家捧得高高的，所以经常容易吃亏上当，因而懊恼后悔。看人不应该只看表面，要深入一层去了解。朋友相处得久了，难免会出现一些误会，若是心存怨恶，表面上仍伪装亲密，那就是虚伪，要更加提防为好。

孔子的这一番话，目的在提醒大家，不要内心并不诚恳、朴实，却要做外表功夫。不要阳奉阴违，成为可耻的小人。

---

① 左丘明，鲁国史官，姓左丘，名明。一说姓左，名丘明。相传是《春秋左氏传》和《国语》的作者。

不要存心讨好别人，特别是我们传统文化意识里的行为和习惯。因为我们国人的警觉性很高，怀疑心比较重，实在不容易讨好。有时弄巧成拙，反而对自己不利。

讨好对方，目的是希望占小便宜。占不到的时候，就会觉得十分委屈，因而会恼怒、报复，使对方觉得前后判若两人，更加不敢相信我们。若扩大彼此的信任距离，彼此都会受害。

《雍也篇》记录了孔子勉励弟子依道而行，**子曰："谁能出不由户？何莫由斯道也？"**

"仁"就是做人的正当道理，把"仁"爱的精神发扬出来，是所有人应尽的本分。人人有这样的自觉，就会走上正道。

出入有门户，这指示我们做事要依据正当的途径。凡是不经由门户出入的人，必然会引起大家的怀疑——是不是小偷？或者有什么见不得人的事情正在发生？

做人也是一样，要遵循正当的道理。凡是不按正当道理做人，必然是不正当的人，后果如何，当然可想而知。

"仁"就是做人的正当道理，把"仁"爱的精神发扬出来，是所有人应尽的本分。人人有这样的自觉，就会走上正道。

学习做人的道理、培养合理的同情心，是我们终生学习的目标。用学问和道德来调节自己的七情六欲，便是做人的道理。人人都学得会，这完全决定于自己有没有这样的决心。

把人做好，再用来好好做事，不要舍本逐末。

同篇第十八章有，**子曰："知之者不如好之者，好之者不如乐之者。"**

从学习中获得内心的快乐，是孔子学习理论的独特之处。从经典和历史当中，学习做人做事的道理。从与大自然的现实互动中，体会人与自然的和谐之道。仅仅把知识当作外在的东西，无法转换成内在的快乐，顶多了解和产生了一些爱好。有的不能持久，有的甚至于变成一种负担，很难做到终生学习。只有把知识和自己的生命，真正结合在一起，从实践中体悟出知识的意义和价值，才能产生无比的乐趣。

> 只有把知识和自己的生命，真正结合在一起，从实践中体悟出知识的意义和价值，才能产生无比的乐趣。

"好之"和"乐之"，同样是一种热烈的情绪反应。但是在程度上有所不同，"乐之"比"好之"更为强烈。对喜爱这种正面的情绪，我们应该促使其愈热烈愈好，以使其能够坚强持久，使我们养成了解学问的良好习惯。

勉强自己去读书，或者居于需要而求取知识，或者为了父母或其他的人而读书，最多只会成为一个了解学问的人。其效果一定不如从心里头就喜欢读书的人。

我们从事任何工作，最好能够培养兴趣，乐在其中，以期有更好的成果。快乐地读书、快乐地工作、快乐地生活，这样的人生，该有多好。

同篇第十九章有，子曰："中人以上，可以语上也；中人以下，不可以语上也。"

孔子把人分为中人以上、中人、中人以下三种。不是人格上的不平等，而是天生资质的不相同。

但是，孔子把中人和中人以上的资质，都当作中人看待，用意在提醒大家，最好把自己当作中人，不要将自己视为中人以上的人，以免自大自满而阻止了成长。

《阳货篇》有，子曰："唯上知与下愚不移。"这句话的意思是，我们一且认定自己是上人，岂不是和下愚一样，不可能再成长了。

中人可以接受引导而成为上人，所以高深的道理，对中人十分有用，只要他们听明白了，又能尽力实践，当然很有助益。中人以下，属于不容易改变的下愚，他们对高深的道理，根本听不懂，因此不必多费口舌跟他们讲，因为那是白白浪费时光。

说话时最好因人而异，见什么样的人，说什么样的话，这也是因材施教的一种活用，并不是不诚实的表现。用心调整自己的说话内容，力求做到适人、适事、适时、适地。

同篇第二十七章记载，**子曰："中庸之为德也，其至矣乎！民鲜久矣！"**

"中"是合理，"庸"为平凡。朱子早就说过，"无一事不合理叫中庸。"把握恰到好处的度，原本是十分平凡的道理，却很少有人能够做到。

在自然界中，若没有过与不及，便称之为正常。若是太多或太少，太盛或太衰，太热或太冷，那就不正常、不合适了。

人事也一样，凡事恰到好处，大家都欢喜。如果过分或不及，便会有人欢乐、有人愁，得不到普遍的欢迎。

言行合理，避免两极化的思维。兼顾并重，多方面考虑，有原则地变通，站在不同的立场评鉴，即是中庸的道理。

三、在行动中提升品德修养

《述天篇》记载，"子以四教：文、行、忠、信。"

孔子讲求因材施教，应该没有固定的科目。弟子们把孔子教导的内容，归纳成四个重点。诗书礼乐合称为文，指古代传下来的典籍。修养德行，是把所学付诸实践，在力行中提升品德修养。存心忠厚，是对人、对事的良好基础，我们必须尽心而宽厚。待人诚信，则是与人交往的基本修养，有利于人与人之间互助与合作。

忠厚和诚信，是"仁"的本原。但是这只能启发，很不容易教导。我们用心体会，自然会有所领悟。因此，忠信是一种道德精神，必须从实践中来证明。

古代的典籍，都是精心研究，禁得起时间考验的精华。由于言简意赅，必须再三研读，多方思虑，并且举一反三，我们才能够掌握其真正的要义。现代的书籍，大多在匆忙中完成。不一定经得起时间的考验，而且有书商和作者共同炒作的高度风险性。最好有高明人士指点，我们才去阅读，以免无端受害。

同篇第三十五章有，**子曰："奢则不孙，俭则固；与其不孙也，宁固。"**

孔子并不仇视富贵，只是十分反对过分奢侈。过分奢侈不但不合乎礼制的要求，而且败坏社会风气，容易引起社会的不安。过分节俭显得简陋，令人觉得吝啬。过分节俭有时候和名分、地位不相配合，也不是正常的现象。

但是，在太过奢侈和太过节俭之中，孔子宁愿选择后者，至少不引人妒忌，不惹人注意，不自找麻烦。

有人认为钱是自己赚来的，奢侈一些，有什么关系？殊不知有人会看不顺眼或者心里不服气，甚至去绑架、打劫，这反而对奢侈的人相当不利，并会造成社会的不安。

生活小康即可，千万不要太过奢侈。因为奢侈惯了，一旦内外环境改变，不能过同样奢侈的生活，必然会加倍痛苦。我们要习惯过小康的生活，这样的生活比较容易持久，人自然也会安乐。

《泰伯篇》记载，子曰："好勇疾贫，乱也。人而不仁，疾之已甚，乱也。"

厌恶贫穷，可以说是人之常情。乐于贫穷，是不可能的事。但是贫穷并不是一种耻辱，不需要因此而自卑。孔子主张安贫，便是在情绪稳定中，采取正当的手段来脱离贫穷的困境。因为不安于贫穷，便会产生愤恨不平的情绪。如果再自恃勇敢，没有什么顾虑，很可能会争夺、抢劫、勒索，造成社会的动乱。

"仁"心、"仁"行受人欢迎，不"仁"的行为受人厌恶，这当然是正常的现象。然而，厌恶也应该有一个限度。嫉恶如仇，并不是孔子的主张。因为太过痛恨，就会使不"仁"的人走投无路，让不"仁"的人找不到改过自新的机会，这也会引发祸乱。

我们应该有好恶的判断标准，但不应该过分。过分爱好会造成虚假的造作——大家表面上这样，实际上却不是这样。我们都知道，畅销的货品，未必都是珍品。

过分爱好，还会使被珍视的人，充满骄傲而不思改进。比如，一个女人很爱一个男人，跟这个男人结婚后，才发现他比较固执、非常自以为是，这个女人就往往十分失望。

> 愤世嫉俗，怨天尤人，都不能解决问题。我们不如充实自己，提高品德修养，好好努力，奋发上进。

如果能够嫉恶如仇，对我们自己来说是好事，我们可以提高警觉，绝不为恶。但是对别人这样，一点改过的机会都舍不得给对方提供，便是太绝情。习惯一旦养成，对内、对外很容易取得一致，所以我们对自己也不必嫉恶如仇，只要自己不再犯错就好了。

愤世嫉俗，怨天尤人，都不能解决问题。我们不如充实自己，提高品德修养，好好努力，奋发上进。

同篇第十二章记载，子曰："三年学，不至于谷，不易得也。"

孔子说："读书三年，没想到去做官得俸禄，这是难得的。"学而优则仕，有了学问就想做官，以求光宗耀祖，这是长久以来，大家共同的期望。

现代社会分工专、精，各行各业蓬勃发展。做官并不是唯一的出路，也不一定是最好的途径。孔子的这一番话，应该是鼓励大家，不论身在何处，从事什么工作，都应该努力求取学问。什么都可以中断，只有好学不能。

三代表多数，意思是一直延续下去，不间断地求取学问，孔子当年感叹这样的人太少。在现代社会中，好像也是这样。

做官当然不是坏事。但一定要不断地求取学问，充实自己。因为有才能的人士担任官职，才能对老百姓有利！

各行各业都需要不断地提升竞争力，对于知识的追求，都应该不遗余力，建立学习型组织势在必行。

同篇第十六章记述了，孔子感叹有些人失去了本性，子曰："狂而不直，侗而不愿，悾悾而不信，吾不知之矣！"

> 各行各业都需要不断地提升竞争力，对于知识的追求，都应该不遗余力，建立学习型组织势在必行。

孔子主张有教无类，但是先决条件是对方具有受教的意愿。如果无知、无能，又缺乏学习的动力，那就没有什么办法了。上智与下愚不移，要加以改变，实在十分困难。孔子对这些人深感失望，想来也是一种无奈。

狂妄的人，干脆率直一些，大家还容易谅解。既狂妄又不率直，必定令人不敢恭维。当然，最好是直而不狂。

"侗"是"无知"的意思，"愿"是"谨慎""忠厚"的意思。"悾悾"是"无能"的意思。无知的人，对人家恭顺一些，大家还愿意帮助他。若是无知却又不能谨慎，大家不想帮助他，岂非更倒霉？

外表诚恳最好要讲信用，这样比较容易获得大家的好感。外表诚恳却不讲信用，大家不相信他，有时候反过来骗他，这并不能怪别人。

《子罕篇》记载，**子绝四：毋意，毋必，毋固，毋我。**

孔门弟子，对老师有一个共同的认识，就是"子绝四"。大家用"子绝四"共同勉励，学习孔子这四种学习态度，以增加学习的效果。

凭空揣测，往往缺乏真实的依据，容易得出错误的结论。如果加以绝对的肯定，认定自己真的找到了答案，于是固执地坚持己见，不再接纳别人的见解，岂不是自以为是，并产生严重的成见和偏见？若持有这种态度，对于学习效果，不但大打折扣，而且很可能会害人害己。

凭空揣测，大部分是一个人自私自利的结果。为了满足自己的欲望，不能虚心观察，便编造出对自己有利的答案。一旦造出不实的答案，又深恐为他人所揭穿，势必妄自加以绝对的肯定，并造成可怕的自信。

对于不同的意见，若不敢也不愿意接受，必然会愈来愈固执。若是事态发生变化或者真相大白，这样的人为了维护自己的既得利益，仍旧会自以为是，欺骗自己也欺骗别人。

毋意、毋必、毋固、毋我，是改正上述一连串毛病的最有针对性的解救方法。孔子率先做到了，弟子们将其列为共识，把其当作学习的公约，使之成为孔门的学习四绝。

《子罕篇》记载，**子曰："三军可夺帅也，匹夫不可夺志也。"**

大国军力强大，能挥动左中右三军，声势惊人。但就算数量众多，我们还可以用更为强大的力量，把他的主帅掠夺过来。但是一个普通人，如果志向坚定，任凭多大的威胁利诱，都很难加以改变。

人的意志一旦确立，他的心便拥有绝对的自主权，也获得了真正的自由，既不受他人的左右，也可以拒绝所有外来的压力。

立志完全是个人的事情，任何人都没有办法代人立志，也不能委托他人代为立志。立志是自作自受的事情，绝无例外。

不志于道，而志于其他，是自甘堕落，我们无能为力，也挽救不了。亲者痛仇者快，从这里可以看出端倪。

不要太早立定志向，以免由于不知而误了自己。孔子主张三十而立，认为三十岁时才确立志向应该更加妥当。同时，我们必须随时检视自己的志向，确定其是不是合乎正道。

同篇第二十二章记载，孔子勉励弟子把握时间努力精进，**子曰："后生可畏，焉知来者之不如今也？四十、五十而无闻焉，斯亦不足畏也已。"**

后生为什么可畏？在于年轻人的成长空间很大，如果立定志向，而又自觉地坚毅奋勇，未来的发展无可限量，当然有后来居上，青出于蓝胜于蓝的机会。

若是自恃年轻便是本钱，却不知珍惜宝贵时光，也不能立志图强，更不知走上正道，这样的人一转眼就到了四五十岁的壮年时期，仍然没有什么可以称道的地方，大概这一辈子也不过如此，不值得敬畏了。

"人心不古，世风日下"是一句老话。年纪大的人总觉得，道德修养一代不如一代，因而十分担忧。年轻人科学、技艺学得快、学得好，但品德修养却愈来愈不受重视，以致社会风气日趋败坏，当然令人担心害怕。

一个人到了四五十岁，就到了壮年时期，如果在品德修养方面，依然没有什么值得称道的地方，就可以证明他在这方面用心不够，也相当于自暴自弃。我们也能推断出，他不会有什么了不起的成就。

后生可畏不可畏，完全看年轻人自己的作为，这同样是自作自受。我们要先抱定可畏的心态，给年轻人提供大好的机会，看他们怎样表现，等他们到了壮年时期，再判断其可畏不可畏，这样做比较妥当。

第十九讲

言之不怍，为之也难

——话不可说满，事不可做决

"言之不怍"就是我们今天常用的成语"大言不惭"，就是说大话，也不感到难为情。这种人恐怕是大话说习惯了，连自己都相信了。其实，这是一种非常恶劣的行为，如果一个人经常出现这种行为，会严重影响个人形象，别人也不会相信他。所以，我们在日常与他人互动中，要诚信待人、谨言慎行，不可说大话，更不可做绝事。

一、聆听他人建议，诚信改过

《子罕篇》记载，子曰："法语之言，能无从乎？改之为贵。巽与之言，能无说乎？绎之为贵。说而不绎，从而不改，吾末如之何也已矣！"

译为白话文就是：孔子说："严正告诫的话，能不听从吗？真正听了而改过了才可贵啊！委婉劝导的话，能不喜悦吗？要能寻思出话里的真义才可贵啊！如果只是喜悦而不仔细寻思，只是当面听从而不真正改过，那我对他就没有办法了！"

有人肯当面指责，提出严正的警告，是多么难得的事情！我们为什么不仔细聆听呢？听清楚、弄明白之后，赶紧改过，这才是"良药苦口而利于病，忠言逆耳而利于行"，对我们大有助益。

有人委婉劝导时，我们应该要因为受到尊重而衷心喜悦。但是欢喜之余，必须举一反三，寻思话中的真义，这样才能获得可贵的启示。

了解别人的话，用来改正自己。两者缺一，就算孔子再世，也将束手无策，徒叹奈何了！

人家说话语气不佳、态度不好、表情严肃，我们往往恼羞成怒，认为人家过分严厉而承受不了，结果是自己听不懂道理、学不到东西，实在是害了自己。

其实，人家若说得委婉、说得客气，我们却不会当一回事，我们会马虎应付过去。所以，我们最好提醒自己，客气绝非福气，好好省思，及时改过为妙。

当面批评，总比背后议论要好，至少我们听得见，能够及时改过、及时补救，避免误了大事。

> 当面批评，总比背后议论要好，至少我们听得见，能够及时改过、及时补救，避免误了大事。

《述天篇》记载，子曰："三人行，必有我师焉。择其善者而从之；其不善者而改之。"

西方人说"三人"，大多指三个人。我们说"三人"，表示多数人，"三"在这里是一个约数。这里所说的"师"，也不是我们常说的"老师"。值得我们学习、仿效的人，都叫作"师"。任何人都有优点，也都免不了有缺点。把他人身上值得仿效的优点拿来当作榜样，把他人身上必须改善的缺点拿来当作警示，便是随时随地学习、反省的有效方式。

> 把他人身上值得仿效的优点拿来当作榜样，把他人身上必须改善的缺点拿来当作警示，便是随时随地学习、反省的有效方式。

在这里所说的"善"或"不善"，只是表面上观察所得出的结果。因为时间短促，很难深入分析和理解。孔子的这一番话主要在提醒我们，要随时保持谦虚的态度，学习他人的长处，改正自己的缺失。

人是群居的动物，大部分时间会与他人相处。这时候他人就构成了我们的外在环境，我们如果能够从他人身上学习一些长处，改善自己的缺失，便是最为有效的学习。

人对人是一面镜子，我们看人家，人家也在看我们。大家彼此学习，互相切磋，才是善用镜子的方式。不看可惜。看了没有效果，就等于没有看，不过是徒然浪费宝贵的时间。

我们要欣赏别人的长处，这样才会自动仿效、学习。我们不要厌恶别人的缺点，因为我们也有缺点，为什么要厌恶呢？拿别人的缺点去反省自己，看看自己有没有同样的缺点？有则改之，无则加勉，这样就好了。

《子路篇》记载，子曰："诵《诗》三百，授之以政，不达；使于四方，不能专对；虽多，亦奚以为？"

孔子认为熟读《诗经》，应该可以灵活运用在真实的生活当中。如果授以政事，或者使于四方，按理应该通达而应对妥当。如果不能这样，表示读《诗经》不能活用。即使读得再多、背诵得再熟，又有什么用呢？

同篇第二十一章记载，子曰："不得中行而与之，必也狂狷乎！狂者进取，狷者有所不为也。"

狂妄的人，看起来骄傲自大，却往往敢做敢当，勇于进取。狷介的人，虽然拘谨保守，却能够顾虑周全。一般来说，年轻人近于狂妄，而年纪大的人，则近于狷介。过度积极进取或过分保守谨慎的狂狷人士，当然比不上言行都能够恰到好处的中道人士。但是在找不到适当的对象时，就算退而求其次，也是不得已的选择。

我们看人，最好多看优点，少看缺点。狂狷的人，透过各自的优点，仍然可以弘扬大道。自古以来，有志于道而又品德高尚的，实在少之又少。狂狷人士，虽然没有中和的德行，毕竟各有优点，仍然是可以造就的人才。

> 我们看人，最好多看优点，少看缺点。

二、说到做到，务必躬亲实践

《宪问篇》中记述，孔子论述德与言、仁与勇的本末关系，子曰："有德者必有言，有言者不必有德。仁者必有勇，勇者不必有仁。"

这里所说的"言"，是指有益于世道人心的好话。有些人说话标新立异，以引人注目；有些人说话危言耸听，以吓唬他人；有些人说话伤风败德也在所不惜。而人们出于对自身所处环境安全的考量，总是倾向于关注负面的言辞。所以，说坏话的人，往往比说好话的人，更受传播界的青睐。

其实，同样是说好话，动机却有真也有假。真心说好话，通常以身作则，务必躬亲实践，应该是说到做到的君子，属于有"仁"德修养的人士。光说好话，行为未必配合得上，那就是假仁假义。会说不会做，光说不练，不一定是好人。

同样的道理，"仁"人一定具有道德勇气，能够见义勇为，也就是勇者不惧。但暴虎冯河就是勇而不"仁"，就是逞强的小勇。

说好话，必须配合做好事，才算是好人。你如果嘴巴说很多好话，实际的行为却不仁不义，大家其实心中都有数，都知道你不过是假仁假义。虽然大家表面上不一定会揭穿你，心里头却十分厌恶你。

勇有大勇也有小勇，"仁"者的勇，必然是大勇。勇而不"仁"，很显然属于小勇。至于为了求生而害"仁"，那根本是无勇。

勇有大勇也有小勇，"仁"者的勇，必然是大勇。勇而不"仁"，很显然属于小勇。至于为了求生而害"仁"，那根本是无勇。

同篇第八章记载，子曰："爱之，能勿劳乎？忠焉，能勿诲乎？"

父母爱护子女、上司爱护下属，就应该培养他们勤劳的习惯。只有做事努力，不辞劳苦，才能克服困难，把工作做好。子女若勤劳，父母就不必忧心他们将来长大了失业。同样，在现代企业管理中，下属勤劳，上司自然会放手让其发挥自主性和创造性，这样彼此都会十分愉快。

与此相对应的是，下属对上司忠心、子女对父母孝敬，就必须勇敢地给予合理的劝谏或委婉的劝告。

扩大范围来说，我们若爱护一个人，就应该帮助他养成勤劳的习惯。我们忠于一个人，就应该对他的不正当处，提出合理的劝告。

在现代社会中，由于生活条件改善、生活水平提高，以致勤劳的习惯，逐渐不为大家所重视。现代家庭的少子化趋势，更是让父母把子女当作宝贝溺爱，这反而会害了子女。

下属对长官，往往存有讨好的心理，事事听话，不敢稍有冒犯。以致对上司的决策错误，下属也只能努力执行，以至于产生更为严重的祸害。

其实，爱的意思，并不是不加限制，而是合理地给予限制。爱他就应该合理地限制他，这才是爱的真义。否则爱他反而是害他，那就适得其反了。

同篇第十一章记载了孔子教导弟子处于贫贱或富贵时应有的心态，**子曰："贫而无怨，难；富而无骄，易。"**

贫穷和富有，是人生不同的两种生活状态。爱富嫌贫，应该是人之常情。但是富贵时，大多人会认为是自己的本领，会难免骄傲。而贫贱时则认为受到不公平的待遇，否则以自己的能力，绝不致如此。

怨恨和骄傲，是两种不一样的情绪反应。大家通常怨恨贫贱，而富贵时却十分骄傲。如果要求加以改变，应该是富贵时不骄傲，比较容易做到。贫贱时不怨恨，实在很难。

贫贱和富有，并不是人力所能够完全控制的。把它当作无可奈何的命运的考验来看待，比较容易获得从容自在的生活乐趣。

贫贱和富有，并不是人力所能够完全控制的。把它当作无可奈何的命运的考验来看待，比较容易获得从容自在的生活乐趣。

富贵时骄傲，受害最大的是子女。"富不过三代"通常和富贵即骄傲，具有十分密切的关系，不可不预防。

贫贱时怨恨，不但于事无补，反而容易造成人际关系的不良处境，给自己的工作和生活徒增更多阻碍。

同篇第二十一章记载，孔子教导弟子要慎重说话，**子曰："其言之不怍，则为之也难！"**

有些人有说大话的习惯。说大话可以，但是一定要兑现。使自己能够言行一致，做到说大话而不必惭愧，那就对了。

然而，实际上的情况是，说得容易做起来难。大话往往难以实现，说大话的人徒然自暴其短，让大家看不起。可见，最好的办法，便是稍有保留，不要言过其实。

说话要慎重，不说没有把握的话，不使用武断的形容词，也不必为了一时的夸大而事后提心吊胆，这对自己才最为有益。

其实，即便说过大话了，也不必惭愧，尽力说到做到就好，以免使自己的信用受到减损，对自己造成较大的伤害。为了慎重起见，说话时仍然稍有保留，以策安全。

说话要慎重，不说没有把握的话，不使用武断的形容词，也不必为了一时的夸大而事后提心吊胆，这对自己才最为有益。

三、人对了，才可以谈对的事

《卫灵公篇》记载，子曰："可与言，而不与之言，失人；不可与言，而与之言，失言。知者不失人，也不失言。"

说话的对象和内容，至关重要。对什么样的人，说什么样的话，必须要仔细衡量当时的情况，以及想要达成的预期目标，来加以选择和调整。

人对了，才可以谈对的事。人不对，充其量只能谈一些无关紧要的事情。见人说人话，见鬼说鬼话，不过是通俗的说法。如果深一层体会，不难悟出孔子这一番话的真正用意。

逢人只说三分话，这三分还是比较不重要的部分。因为人不对，不方便说，也不能说太多，必须到此为止。

事无不可对人言，则是人对了，应该说清楚、讲明白。这时候再不说清楚，就会失人，使听的人产生疑惑。

人、事、地、时都对，务必畅所欲言。这时候要留下一些时间，听听对方的意思，这至少是一种必要的尊重。

同篇又记载，孔子教导弟子行事要设想周全，子曰："人无远虑，必有近忧。"

一般人看到远近，立即联想到距离。长远的思虑和眼前的忧患，实际上并没有什么关联性。顶多解释为设立长远的目标，以消除近期的迷失。

"远虑"，是指设想得更加周全。"近忧"，是指随时可能发生的忧患。为了减少忧患，最好考量得更为周详、缜密。思虑时，如果能够看得远些，自然更加周全。若是只想到眼前的情况，很可能会顾此失彼，增加忧患的风险性。

不必害怕忧虑，尽量做到减少忧虑，这种健全的心态，必须由现在开始逐渐培养，并使之早日成为习惯。

同篇第十四章有记载了，孔子教导弟子立身处世的道理，**子曰："躬自厚，而薄责于人，则远怨矣！"**

一般人对自己要求宽松，对别人要求却十分严苛，因此容易招人怨恨，却依然不知道改善。同样的一句话，自己说可以，别人说就不行。同样的一件事，自己做的时候，说是随机应变，不得不如此；别人做时，则认为是投机取巧。这种人明显双标，十分可耻。孔子的这一番话就是希望，我们能明白宽以待人、严以律己的道理，这至少可以减少别人对我们的怨恨。

眼睛是往外长的，看见别人的过失，远比发现自己的缺点，要容易得多。所以，我们必须养成经常自我反省的习惯，对待自己要更严格一点，否则最后一定会害了自己。

尤其是那些担任主管职务的人，更应该严格要求自己，以显示出担当过错的责任。一定不可以遇有疏失，立即把责任推给下属。

严于待己是居于良心的自觉。薄责于人则是对别人的尊重。两者都是自我修持的美德，可显示出一个人的良好修养。

《里仁篇》记载，**子曰："古者言之不出，耻躬之不逮也。"**

孔子说，古人不会轻易说话，因为说到而做不到是很可耻的。

说话算话，令人十分钦佩。说话不算话，以后再怎么说，别人都不再会相信你。先做后说，当然最为可靠。说了便做，当然也很不容易。其实，说得太早，常常会遇到难以控制的变量，结果反而不能兑现。总之，没有把握的事情，最好少开口。

先考虑自己的时间和能力，再承诺别人的请求，应该比较妥当。否则轻诺寡信，对自己的伤害很大。一旦答应下来，就务必尽心尽力，以求如期完成。不要找理由，也不要把责任推给别人，因为说再多也没用。

同一段时间，不要承诺太多的事情。宁可事先抱歉，也不要事后后悔。时间就这么多，谁也没办法。

《卫灵公篇》第二十六章记载，**子曰："巧言乱德。小不忍，则乱大谋。"**

"巧言乱德"和"小不忍，则乱大谋"，两者之间，并没有什么关联性。唯一相同的在一个"乱"字。巧言的结果会"乱德"。小不忍的结果，则是"乱大谋"。

同一段时间，不要承诺太多的事情。宁可事先抱歉，也不要事后后悔。时间就这么多，谁也没办法。

巧言本身，并不是坏事，却常常弄巧成拙，搞出很多坏结果。说话中听，必须加上内容合理，否则不但败坏道德，而且不是有道的君子所应为的。

小不忍有两种可能：一是自己的个性急躁，遇到挫折或困难，便忍耐不住而大发脾气；一是过分优柔寡断，对于自己或他人的小过失，不忍心加以责罚。两样的不忍，却造成同样的结果，那就是乱了大谋，使大事不能完成。

说话要中听，却应该要更加小心，不要害人、误人。因为中听的话，如果偏离了伦理道德，很容易把听的人引诱到歧途上去，相当于诱人犯过，自己也有道义上的责任。

忠言逆耳，使听者不好受，却具有警惕的作用，至少不会害人。巧言中听，使听的人乐意接受，影响也会更大。若是败坏道德，那就是不正当的迷惑。

宽以待人，也应有合理的限度。任何小过错，如果可能会影响到大局，都应该及时提出、改正，以资补救。不能因为些许小事而不忍心指责，酿成大害。

《卫灵公篇》第二十七章记载，子曰："众恶之，必察焉；众好之，必察焉。"

一般人的习惯是人云亦云，不详加考察，便随着大家的好恶，来决定自己的好恶。

> 对于信息的研判，也是一样。最好经过审慎考察，辨明真伪，才可以应用。

在现代企业管理中，担任主管的人，尤其不能人云亦云。否则容易产生偏见或做出不正确的判断，不仅有失公正，还容易造成失误。

对于信息的研判，也是一样。最好经过审慎考察，辨明真伪，才可以应用。不能大家认为怎样，便认为一定是这样。虽然这样看起来很随和，实际上是不负责任。

在团体活动中，我们亦不能随着大家起舞，必须仔细观察，深入分析，以确保参与的正当性。

> 和而不同，便是在和谐的气氛中，保持自己的特性。具有先研判后参与的能力，才能够真正做到和而不同。

人云亦云，万一吃亏上当，终究要自己承担责任。所以用心考察，详加研判，对的才接受，不对的要拒绝。

和而不同，便是在和谐的气氛中，保持自己的特性。具有先研判后参与的能力，才能够真正做到和而不同。

四、修炼说话的功夫在于坚持

《子罕篇》记载，子曰："譬如为山，未成一篑；止，吾止也。譬如平地，虽覆一篑，进，吾往也。"

我们常说功亏一篑，意思是就差一筐土而没有完成，这实在十分可惜。但是没有人叫你停下来，是你自己要停下来的，这怪谁呢？功败垂成，是自己造成的恶果，必须由自己承担所有的责任。

愚公移山，应该是从挖一筐土开始，只要出于自动，加上永不停止，一直到移动整个山，才能停息。用这种精神用来为学、做事，哪里有不成功的？

停止，一定要止于至善，也就是合理的时候，才可以停下来。否则，开始的时候不应当停止，快要完成的时候更不能停止。当然，方向错误时，必须停下来做好调整，但也不能就此停止呀！

到底是要前进还是要停止，我们总认为大部分是外在因素在驱使。因此，不如意时，我们常常怨天尤人。实际上，内在的因素的作用力更为强大。阻扰，是你自己在阻扰；诱劝，当然也是你自己在诱劝。别人的影响力，我们可以拒绝；自发的力量，才难以改变。

> 别人的影响力，我们可以拒绝；自发的力量，才难以改变。

不管过去犯了多少过错，若能从现在开始，调整好方向，自愿而且不停地求取上进，就永不嫌晚。

《阳货篇》第十二章记载，子曰："色厉而内荏，譬诸小人，其犹穿窬①之盗也与！"

孔子的这一番话，是针对那些欺世盗名，却居高位，握有权势的人而言的。他们外表严厉，内心却十分软弱，简直像穿逾墙洞的小偷。孔子对当时的政治昏暗与社会混乱很是感慨，认为这是百姓的大不幸。

---

① 窬：窬（yú）通"逾"，从墙上爬过去。

欺世盗名的意思是欺骗世人而窃取名誉。不论是徒有其名，或是名过其实，只要蒙过当时的人，便能够窃取虚假的名誉，甚至于将其流传给后代。

色厉内荏在当今社会已经成为常用的成语，意思是外表刚强而内心怯懦。很多人看起来很威严，实际上却十分软弱，根本承受不了压力，通不过严格的考验。

同篇第十四章记载，子曰："道听而涂说，德之弃也！"

人家随便说说，我们就随便听听，大家都不当一回事，这就算是闲聊，顶多是浪费时间，还不致伤害别人。

人家随便说说，我们就把它当成真的，然后到处去传播。万一伤风败德，或者破坏他人的名誉，那就真是罪过了。

我们要仔细思考、用心明辨，不要稀里糊涂地被有心人利用成为传声筒，甚至去传播伤害他人的信息。就算不伤害任何人，不负责任地传播信息对自己也很不利。养成道听途说的坏习惯，迟早有一天会引火上身，惹出损人不利己的大麻烦。

孔子的弟子用心领悟老师的教导，也说出很多金玉良言。《学天篇》记载，曾子曰："吾日三省吾身；为人谋，而不忠乎？与朋友交，而不信乎？传不习乎？"

我们最好每天留出二十分钟，好好反省一下这一天的言行，以求修治自己，不断精进。反省时应依照曾子提到的三个重点：一是替人家想事情，有没有设身处地，站在对方的立场着想？有没有趁机从中为自己寻找一些好处？二是和朋友交往，有没有不信实的地方？比如，故意隐瞒某些事实，或者存心利用朋友对自己的信任？三是每天所学到的知识和技能，能不能即知即行，在日常生活当中，尽量去运用，以期养成习惯？是不是知而不行，只用来骗取考试的分数？或者用来炫耀自己，甚至于欺骗别人？

人类和一般动物最大的差异，即在具有自我反省的能力。反省之后，还要通过实践，来不断改善自己，以提升自我。

反省的时间，至少每天要花费二十分钟。否则形式上如此，实际上却很容易放松自己，收不到真正的效果。

反省不是后悔，也不是跟自己过不去。反省的目的，在于找出自己的缺失，加以改善。只要日有寸进，天天有改善，成果必然会很好。

同篇第十三章记载，有子曰："信近于义，言可复也。恭近于礼，远耻辱也。因不失其亲，亦可宗也。"

凡亲诺者必寡信，答应得太快，经常没有信用。这主要是因为未经仔细地考虑，不能掌握合理的程度，匆促地答应下来，当然难以兑现。对人过分恭敬，相当于自取其辱。如果拿捏分寸，待以合理的礼节，做到不卑不亢，那就恰到好处，不会招来耻辱。

俗话说，"一言既出，驷马难追"，凡是信守承诺的人，必定谨慎得不敢随便承诺。最好的方式，便是对于合理的要求才承诺，然后全力以赴。对于不合理的要求，那就必须婉转加以拒绝，以免增加彼此的苦恼。

对人过分恭敬，会让人产生讨好的感觉，会引起他人的怀疑。比如，对方会想，我们是不是有什么不正当的企图？这反而为我们招来不必要的耻辱。

"因不失其亲"的"因"字是动词，是"亲近"的意思。我们看到别人依靠可亲的人，不可以用负面的观点来加以耻笑，或指称对方为奉迎或讨好。反而应该多加学习，也逐渐亲近可以亲近的人。

人生在世，最可靠的便是亲人，其次是师长和朋友。有值得亲近的人，最好常常来往，多加请教。

> 人类和一般动物最大的差异，即在具有自我反省的能力。反省之后，还要通过实践，来不断改善自己，以提升自我。

第二十讲

逝者如斯夫，不舍昼夜

——应时的机会教育，让教导更有针对性

孔子是理性与感性调和妥适的人，他热爱生命，也关心社会与国家。他对时局、对人物常有感触，并说给身旁的弟子听，这也算是机会教育，他这样做的目的是让弟子们各自获得不同的启发。

一、你和时间开玩笑，它却对你很认真

《子罕篇》记载，**子在川上曰："逝者如斯夫！不舍昼夜。"**

水流为什么不断？因为上有水源，下有大海作为去处。时间为什么不间断？因为人类有历史，可以上下连续。如果不传承古圣先贤的道理，历史就不能连续，人类也就忘本了。世事多变，但是人的德行却可以不变。有变、有不变，才能够生生不息，才能够细水长流。

时间没有白天晚上的区别，它一分一秒地流逝。人的作息却应该有白天、晚上的不同，如此才能获得健康。时间一去不复返，这显得时间非常宝贵，也说明生命有限，我们必须珍惜每一分钟，善加利用以自我提升。

时间对每一个人来说，都是公平的。每个人同样都是一天二十四小时。但是每个人对时间的运用，却十分不公平。有的人善用，有的人则浪费。这也说明人对时间的认识和把握，各有不同。一寸光阴一寸金，寸金难买寸光阴，我们怎能不加以珍惜呢？

同篇第二十一章有，**子曰："苗而不秀者，有矣夫！秀而不实者，有矣夫！"**

禾苗有成长却有不开花的，就算有开花，也不一定都会结果实。孔子利用植物界的这种真实现象，来谈论人的为学。不开花、不结果的原因在于不能实时灌溉、施肥，或者不能持续所致。人为学不成，也是因为不能学而时习之，或者未能持之以恒，这值得大家警惕，大家最好能自求改过。

一个人必须学而时习之，并且持之以恒，这样才能够有所成就。否则年龄一天天增长，学问、道德却不一定会增加。

一个人必须学而时习之，并且持之以恒，这样才能够有所成就。

颜渊早死，就算学而有成，也发挥不了多大的作用。孔子很可能是用这样的话，来惋惜颜渊的英年早逝。

大花、小花都是花，大果、小果都是果。只要肯学、肯实践，无论再小的成就，也都是成就，都值得自豪。大家从现在开始赶紧下定决心，自策自励，千万不可松懈！

同篇第二十七章有，子曰："岁寒，然后知松柏之后凋也。"

天气温暖的季节，万物欣欣向荣，松柏在植物群中，并不特别引人注目。到了寒冷的时候，植物大多凋零，这时耐寒的松柏才显得青翠如常，依然平安自在。

荀子说过："岁不寒无以知松柏，事不难无以知君子。"君子必须经过严格的考验，才能证明自己确实有能耐。

太平时代，小人比君子还要活跃。一旦遭遇变乱，小人纷纷逃避，只有君子才挺得住，虽死无憾。

路遥知马力，日久见人心。东西或许是新的好，人却是老的好。经得起时间考验的人，才是真正靠得住。

荀子说过："岁不寒无以知松柏，事不难无以知君子。"君子必须经过严格的考验，才能证明自己确实有能耐。

看不起松柏精神的人，很容易被小人所包围，不知不觉冷落、疏远了君子。到了危难的时候，才后悔不已。

君子要耐得住寂寞，到了天寒地冻，才露出松柏精神，真正经得起考验，令人刮目相看。

《述天篇》记载，**子曰："仁远乎哉？我欲仁，斯仁至矣。"**

孔子认为"仁"是人的本性，也就是人性。他直接指出，"仁"不曾远离我们，只要我们有心求"仁"，"仁"就出现了，我们随时可以获得"仁"。换句话说，我们对于"仁"，是做得了主的。因为"仁"就在我们心里，我们随时可以拿出来运用。孔子的这一番话，肯定了现世的价值。人既没有与生俱来的"原罪"，也不必舍离现世，以追求死后的世界。

"仁"十分可贵，而且不难做到。我们要养成每日反省的习惯，想想自己在哪些方面不合乎"仁"的要求，逐一列举出来，设法加以改善，促使自己减少不"仁"的表现，增加"仁"的行为。只要有决心，人人都做得到。

依照"仁"心采取行动，便是善行。不依照"仁"心而动，即为恶行。善行使人心安理得，恶行令人心神不宁。多行善行，才能避免恶行。

行善避恶的自主权完全掌握在我们自己手中。我们要谨记自作自受的人生规律，时时自我警惕，敦促自己走上正道。

> 依照『仁』心采取行动，便是善行。不依照『仁』心而动，即为恶行。

欲"仁"不是向外求，而是向内求。当下一念，立即想到"仁"德，依"仁"心而行动，便会得到修己的良好成效。

在做任何行动之前，我们都要先问问自己，这样做心能安吗？任何人在任何时候凭良心做事，"仁"就出现了。我们的行为，可善也可恶，这完全在乎我们的一念之间，我们必须十分警惕。

二、半途而废，终究令人遗憾

孔门弟子虽有幸得明师教诲，却也担心自己会让老师失望。《雍也篇》记载，冉求曰："非不说子之道，力不足也。"子曰："力不足者，中道而废，今女画。"

孔子接受季康子的邀请，同意冉求回鲁国担任要职。他勉励冉求，这一次回到鲁国，是大用而不是小用，必须好好实现儒家的理想。可惜冉求天性柔弱，做事不够积极，使孔子十分不高兴。于是，孔子说冉求没有尽力，根本是画地自限。孔子这样说，一方面是激励冉求不可畏缩；一方面是提醒后人，必须勇于面对困难，尽力而为，不应该故步自封。

我们常说"半途而废"，又说"行百里者半九十"。可见半途不止包括一半，甚至包括百分之九十。凡是事情不能完全做好的，都是半途而废。未竟全功，不能毕其功于一役，终究令人遗憾。

"中道而废"，是指尽力去做，但实在撑不下去时，才不得不停下来。在工作当中停止，有告急、求救援的意味，在得到援助后，还是应该靠继续奋力去完成。

很多人在没有做之前，就产生了恐惧的心理，以至于畏缩不前，浪费了大好时光，这就是自暴自弃，也是不值得仿效的。

许多人会认为有些事情是令人害怕的，他们也不敢尝试去做。因为缺乏信心，他们总觉得自己无法完成。实际上，果真下决心，勇敢去做，往往会出乎意料的顺利。所有的困难，好像也能迎刃而解。

我们要培养不畏艰难、不怕辛苦的精神，随时接受挑战，走出光明的未来。

《子罕篇》第十章记述，颜渊也有类似的感慨："仰之弥高，钻之弥坚，瞻之在前，忽焉在后。夫子循循然善诱人；博我以文，约我以礼。欲罢不能。既竭吾才，如有所立卓尔。虽欲从之，末由也已。"

颜渊是孔子的得意门生，他在各方面的表现都十分杰出。但颜渊感叹地说："老师的学问，越仰望越觉得高；越努力钻研越觉得深；看着以为要赶上了，结果仍然是落在后面。老师善于有次序地引导我，用各种文献来丰富我的知识，用礼法来约束我的行为，使我想停止学习都不可能。我竭尽全力，仍然像有座高山矗立眼前。我想攀上去，但觉得无路可走。

孔子谆谆善诱，弟子们欲罢不能。只有启发式的教学，才能收到这样美妙的效果。也因为彼此都有诚意，才做得到。

学生尊师重道，老师言教身教，后者更是老师应有的伦理。如果老师贩卖知识，学生购买知识，那就成为交易行为了，这未免太商业化了。

各行各业都需要教育化，但是教育却绝对不能企业化。私人办学本来是好事，但若把办学当作企业来经营管理，势必会出现想尽办法打知名度以广招学生的现象。同时，会出现要求教师培养学霸，却不重视学生是否尊重教师的问题；会出现强硬规定学生参加各种学科竞赛，而不重视学生的品德修养是否提高的问题。这些根本都是很糟糕的事情！

> 各行各业都需要教育化，但是教育却绝对不能企业化。

《季氏篇》记载，孔子曰："见善如不及，见不善如探汤。吾见其人矣，吾闻其语矣！隐居以求其志，行义以达其道。吾闻其语矣，未见其人也！"

看见良善的行为，唯恐来不及学习；看见不良善的行为，好像碰到热水一样着急，赶紧把手移开。这种善人，孔子亲眼见过，也听过这样的描述。但是无论隐居或担任公职，都能够凭良心、立公心而又重视品德修养的，这实在是太稀有了。孔子听过这样的描述，却没能亲眼看到过这样德业俱全的人。

只愿意独善其身，而无意兼善天下，是比较自私的人。儒家讲求修己安人，独善其身之后，应当要致力于兼善天下，也就是我们一再强调的"人人凭良心，时时立公心，自己先力行！"

修己安人，独善其身之后，应当要致力于兼善天下。

三、放纵欲望，就会成为欲望的奴隶

《公冶长篇》记载，子曰："吾未见刚者。"或对曰："申枨①。"子曰："枨也欲，焉得刚？"

我们常说"无欲则刚"，意思是没有欲望自然刚毅不屈。然而欲望是人类生存的必要条件，要求绝对无欲，就不免违反人性。然而，只要有了欲望，就会顾虑太多，就根本无法坚持原则，这就谈不上坚毅不屈了。

孔子重视人性，不可能要求人绝对无欲。他只是希望大家能够发而皆中节，以学问、道德来合理调节自己的欲望。

在善良风俗与公共秩序许可的范围内，凭借自己可以达成的愿望，基本上都属于正当的需求。可以正常地加以满足，不必压抑或放弃，以维持身心的健康。

必须仰赖他人的协助，才有完成的可能，这种欲望就要减少。就算别人主动提起，而且乐于支援，也应该尽可能避免，以免因而遭受牵制，导致不良的

---

① 申枨：孔子的学生，姓申，名枨（chéng），字周，七十二圣贤之一。

后果。

　　烦恼大多来自欲望，过度的欲望伤害一个人的身心。我们必须以理智指导感情，对欲望合理地加以调节，以坚持自己的原则，过自己想过的生活。我们要合理节制自己的欲望，不要使自己沦为欲望的奴隶。

烦恼大多来自欲望，过度的欲望伤害一个人的身心。

　　同篇下一章记载，子贡曰："我不欲人之加诸我也，吾亦欲无加诸人。"子曰："赐也，非尔所及也。"

　　子贡说："我不愿别人把不合理的事加在我身上，我也不想把不合理的事加在别人身上。"孔子说："赐呀，这不是你可以做得到的。我们常说"将心比心""设身处地"，这种话说起来似乎容易，实践起来却十分困难。每个人都具有一定的社会性，每个人的行动都会受到他人制约。为了生存，人都要做一些别人强加到自己身上的、违背自己愿望的事情。所以，孔子才说这很难做到。

　　有些事"知难行易"，有些事"知易行难"。像"己所不欲，勿施于人"这样的事，对大多数人来说，属于"知易行难"。我们对此要加强认识，深一层体会，并且努力实践，以求"知难行易"。

　　《子罕篇》记载，达巷党人曰："大哉孔子！博学而无所成名。"子闻之，谓门弟子曰："吾何执？执御乎？执射乎？吾执御矣。"

　　达巷这个地方有人说："孔子太博学了，而且门门学问都达到很高的水平，以至于不好说他是哪一方面的专家，因此也就不能用任何一类专家的名称来称呼他。"孔子听到后，对学生们说："我专干哪一项呢？驾车吗？射箭吗？我还是驾车吧。"

　　有人认为时代是变动的，若一段时间内专才太多，通才必然普受欢迎；若一段时间内通才过多，专才自然受到重视。其实这样的说法，未免太过粗浅。事实上，若社会中专才太多，就表示大家重视专门的技能，而对通识教育下的功夫不够。在这种情况下，通才自然会受欢迎，因为这是针对专才众多的流弊自然产生的解方办法。若大家重视通识，往往件件都懂却样样都稀松、不够专精，这时候社会对专才的需求必然增高。

合理的比例应该是专才多而通才少。像孔子这样的通才，无论在什么时代，都十分罕见。大家尊他为万世师表，却不能说他有什么专业知能，但他却影响了中华文化，影响了几乎每个中国人。

一个人受到赞美的时候，应该怎样回应？你可以严肃地谢谢大家的好意，也可以轻松地点头称是。孔子在这里，则是幽默地有所回应。既然说没有特殊的专长，那我就专门驾车吧！这表示他谦虚而不自满。

如果孔子回答，我怎么没有专长呢？祭祀的事情，有谁比我在行呢？各位观感如何？是不是觉得孔子太自大了？就算孔子有某一种专长，也用不着他自己说出来。因为这种事情，自己说什么，实际上都不一定算数。大家都这么说，才能算数。

> 在求通之前，我们要把某一种专业知能学会了。成了专才之后再求通识。

在求通之前，我们要把某一种专业知能学会了。成了专才之后再求通识。可惜大多数人只局限于专才，而不知进一步求通。

同篇第十二章有，子贡曰："有美玉于斯，韫椟①而藏诸？求善贾而沽诸？"子曰："沽之哉！沽之哉！我待贾者也！"

子贡有意试探孔子，是否有出任官职的愿望。子贡不方便直说，就婉转地用美玉来代表老师，问孔子想不想卖掉自己，也就是问孔子想不想出任官职的意思。

孔子当然明白子贡的用意，却也不一本正经地回答：只要情况合适，自然

---

① 韫椟，"韫"（yùn），藏。"椟"（dú），木柜子。"韫椟"，就是藏在柜子里的意思。

不会放弃机会。他同样采取婉转的方式，顺着子贡的话，表示自己正等待有人出价，有好价钱就卖！这样彼此尊重的良好沟通方式，真是生动而有趣。

不方便直接询问，是尊重对方的一种表现。既然受到询问者的尊重，就不应该装作听不懂；不应该不愿意回答；不应该告诉询问者，不必这样拐弯抹角，有话直说就好了。因为这样做会使对方难堪，也就是不尊重对方。

孔子的学问、道德，都令子贡十分敬仰。为什么孔子不出任官职，这使子贡非常纳闷。借着美玉来询问一番，也是学生对老师的好意和敬意，孔子当然不会不喜欢。

有时候婉转一些，来个拐弯抹角，更显示出沟通的艺术。但是，应该直说的时候，仍然要明白直说。

> 有时候婉转一些，来个拐弯抹角，更显示出沟通的艺术。但是，应该直说的时候，仍然要明白直说。

四、如果越界，劝告也会得罪人

《颜渊篇》记载，子贡请问交友的方法，子曰："忠告而善道之，不可则止，毋自辱焉。"

朋友和兄弟不同，朋友只有社会关系没有血缘关系。彼此志同道合，当然很好。若是志趣不相投、逐渐疏远，那就好聚好散，大可不必出恶言而淡然相忘。

既然朋友一场，除了有通财之义以外，还需要互相劝告、勉励。朋友有过错，我们必须善加劝导，以促其改善。若朋友能欣然接受，彼此的友谊就会更为加深。如果朋友听不进去或者心生反感，甚至于激烈抗拒，那也不能勉强，最好适可而止，以免反目成仇。

> 凡事以合理为度，对人劝告也不能例外。

对待朋友最合理的方式是热心与漠视并用。先热心地加以劝告，如果对方不能接受，不妨冷漠看待，以促使其自我反省。我们不必穷追猛打、咄咄逼人。否则反而容易引起对方的强烈不满，这岂不是和自己过不去？凡事以合理为度，对人劝告也不能例外。

劝告朋友，必须讲求沟通的技巧。我们不能毫无顾虑地有话直说，这样容易使朋友产生误解，以为我们有意挑剔或者故意使其难堪。

我们常说熟不拘礼，好像熟悉的朋友之间可以不讲求礼节一样。其实，不讲究形式，免除一些客套是可以的。但是提出劝告的时候，遵守基本的礼貌还是十分必要的。

通常一劝再劝，如果没有效果，就应该暂时停止，再看看有没有其他的方式，或者找更合适的人来劝他。不宜一而再、再而三，甚至用带有威胁、压迫的口吻劝告，以免将朋友逼得太紧，反而产生难以化解的误会。

《季氏篇》记载，孔子曰："益者三友，损者三友。友直、友谅、友多闻，益矣；友便辟、友善柔、友便佞，损矣。"

孔子告诉弟子，和正直的人、信实的人、博学多闻的人交友，就会获益。和惯于逢迎的人、善于献媚的人、喜欢花言巧语的人交友，就会有害。

人是群居性的动物，非常需要朋友的协助。因此，交友对每一个人来说，都是十分重要的。交到好朋友，彼此鼓励、互助互惠，大家都能获得志同道合的好处。交到坏朋友，迟早被连累、拖垮，害处既多且大。

俗话说，"在家靠父母，出外靠朋友"，能不能结交到可靠的益友，有赖于我们自己的慎重选择。交友之前，我们可以先看看这个人所看的是什么样的书？他所交往的都是什么样的朋友？他过的是什么样的休闲生活？最好找个机会，看看他与家人相处得如何？这样，对他的人品与修养，就应该相当了解了。

从认识到交往，最好采取渐进的方式。如果一开始就过于热情，失了分寸、失了尊重，也就会失了相互的信任。"君子之交淡如水"，即便对方是益友，我们也应该保持合适的距离，以维护个人的一些隐私，这才是长久之计。

《子路篇》记载，**子贡问曰："乡人皆好之，何如？"子曰："未可也。""乡人皆恶之，何如？"子曰："未可也。不如乡人之善者好之，其不善者恶之。"**

一整个地方的人都喜欢他，表示大家都看到他的优点，却没有人发现他的缺点。可见，这个人很会伪装或者十分会讨好别人。无论如何，这都是相当可怕的事情。

一整个地方的人都不喜欢他，证明他一定有被误解的地方，否则不太可能这样。比如，他执法如山而毫不变通，说话很直而不能妥当地拐弯。一个人个性孤僻，即便他不危害别人，大家也有可能不喜欢他，但我们却不能因此就认定他是坏人。

好人说他好，还要加上坏人说他坏，他才是真的好人。反过来说，坏人说他好，而好人一致厌恶他，他才是真的坏人。

大家都这么认为的，并不一定就是正确的。我们只能把他人的议论当作重要的参考，而不应该盲目地全盘接受。有时候独排众议，反而更加贴切。

想办法让大家都欢迎的人，大多是到处讨好，却毫无立场的乡愿。是滥好人、好好先生，只能维持一阵子。时间长了，大家都会厌恶他。

> 我们只能把他人的议论当作重要的参考，而不应该盲目地全盘接受。

愈是坏人愈重视表面工作，愈会利用机会宣扬自己的好处，愈会从事大量公益活动，这种伪装善人的功夫如果不被识破，就会使有些人被蒙骗。

《雍也篇》记述，**子华①使于齐，冉子为其母请粟。子曰："与之**

---

① 子华，即公西赤，是孔子的学生，比孔子小42岁。

釜。"请益。曰："与之庾。"冉子与之粟五秉。子曰："赤之适齐也，乘肥马，衣轻裘。吾闻之也：君子周急不继富。"原思为之宰，与之粟九百。辞。子曰："毋！以与尔邻里乡党乎！"

孔子担任鲁国的司寇，以原宪①为家臣。按照规定付给原宪应得的酬劳。孔子遵守规矩，并不因为原宪有钱与否而增减。冉有替子华的母亲向孔子申请协助，孔子说子华相当富有，不必多给，这是很合理的裁量。一为薪俸，一为补助，两者不能同等看待。

> 富有并不是罪过，贫穷当然也不是耻辱。富人与穷人，在人格上是平等的。

富有并不是罪过，贫穷当然也不是耻辱。富人与穷人，在人格上是平等的。很多人只尊重富人，甚至巴结、奉承富人，这实在可笑！如果一个人看不起穷人，这是不合理的，长此以往，你的心态也会出现偏差。我们有足够的能力时，理应帮助穷人。但是救急不救富，才是合适的原则。

《宪问篇》记载，孔子对子贡喜欢批评别人的行为，说了一句重话："赐也，贤乎哉？夫我则不暇？"

子贡小孔子三十一岁，他是一位十分出色的弟子。他出使各国，游说诸侯，到齐、吴、晋、越各国，都有很好的表现，这令孔子十分赞赏。但是他喜欢评论他人的缺失，这难免会得罪人。对此，孔子并未劝阻，而通过说"自己没有这种闲工夫"，来提点他。

在人家的背后说三道四，对一般人来说，可能是人之常情，然而对子贡这么有成就的人来说，未免是一种瑕疵。孔子用讥讽的方式来指点他，完全是出于一番好意。

---

① 原宪出身贫寒，个性狷介，一生安贫乐道，不肯与世俗合流。孔子为鲁司寇时，曾做过孔子的家宰，孔子给他九百斛的俸禄，他推辞不要。孔子死后，原宪遂隐居卫国草泽中，生活极为清苦。

我们在背后批评他人，一定会有好事者将此举传达，他们甚至会添油加醋，弄得大家很不愉快。所以，我们最好不要在背后批评他人。

有人看到我们批评别人，总认为我们也会批评他。于是他会先下手为强，在别人面前先批评我们，这岂不是对我们很不利？

同篇第三十七章记载，子曰："莫我知也夫！"子贡曰："何为其莫知子也？"子曰："不怨天，不尤人，下学而上达，知我者，其天乎！"

"下学而上达"，意思是下学人事而上达天道。孔子认为礼是人事行为的规范，"仁"是人事行为的本质。只有依"仁"合义，持续精进，才能够上达天道，而知天命。

知天命的指标，即在不怨天，不尤人，凡事随遇而安。以孔子的修养，五十岁才知天命，可见实在不容易。像孔子这样杰出的人，一般人当然很不容易了解。所以孔子自叹没有人能够了解他，只有天才能够明白他的心情。

一般人忙于下学，根本没有上达的可能，孔子说，"中人以下，不可以语上也"。关于天命的内容，孔子很少向这些人提起。因为它比较高明，并不是一般人所能知道的。

我们要由人事上达天命，这样才有天人合一的可能性，这也成为了中华文化以人为本的特色。命在天，也在我，便是天人合一的明证。人人都可以做到，只要不断从道德实践中去体会，逐渐提高自觉，就可求上达。天道只能自存，无法弘人。我们必须充实向学的功夫，以求弘扬天道。

程伊川[1]曾经说："如读《论语》，旧时未读，是这个人；及读了，后来又是这个人，便是不曾读也。"我们读《论语》，要心领神会，努力实践，一定可以改头换面，成为一个举止优雅、谈吐不俗的君子。而原本就温文儒雅、忠信笃实的君子，再读《论语》，则要更进一步广为弘道，以尽安人的功能。

---

[1] 程伊川，即程颐，字正叔，世称伊川先生。北宋理学家、教育家。